少年毛泽东

张文宝 著

江苏凤凰文艺出版社

图书在版编目（CIP）数据

少年毛泽东 / 张文宝著. — 南京：江苏凤凰文艺出版社，2018.5（2022.9重印）
ISBN 978-7-5594-1841-8

Ⅰ.①少… Ⅱ.①张… Ⅲ.①毛泽东（1893-1976）－生平事迹 Ⅳ.①A751

中国版本图书馆 CIP 数据核字(2018)第 067569 号

书　　名	少年毛泽东
著　　者	张文宝
责任编辑	孙金荣
出版发行	江苏凤凰文艺出版社
出版社地址	南京市中央路 165 号，邮编：210009
出版社网址	http://www.jswenyi.com
印　　刷	南京新洲印刷有限公司
开　　本	890×1240 毫米　1/32
印　　张	5.875
字　　数	135 千字
版　　次	2018年5月第1版　2022年9月第20次印刷
标准书号	ISBN 978-7-5594-1841-8
定　　价	25.00 元

（江苏文艺版图书凡印刷、装订错误可随时向承印厂调换）

目 录

一　起了一个小名字　　　…1
二　"牛司令"　　　…9
三　教不了的学生　　　…16
四　吟出一首《吟天井》　　　…26
五　跳出小山村　　　…38
六　全都站在石三伢子一边　　　…43
七　在"石干娘"面前发个誓　　　…56
八　衙门不是老百姓来的地方　　　…66
九　"大清王法"坍塌了　　　…81
十　见到了彭石匠　　　…93
十一　给爹爹留下一首诗　　　…101
十二　破格录取"大龄"小学生　　　…116
十三　一篇文章让毛泽东名声大振　　　…130
十四　小亭子里站着三个人　　　…144

十五	贴在墙上的文章	…155
十六	剪掉的辫子	…166
后记		…174
参考书目		…177

一　起了一个小名字

两岁起，毛泽东在湘乡唐家圫外婆家生活，那是毛顺生、文素勤快有四儿子毛泽民时。

文素勤娘家离韶山冲只有十多里地，隔着一座牛形山。

文素勤中等身材，长得清秀，圆脸庞，宽前额，聪慧善良，勤劳俭朴，有一颗菩萨心。每逢荒年旱月，她会背着丈夫，偷偷送穷人粮食。

毛顺生身材高大，体魄强健，脾气不好，过日子有点小抠门。他只读过两年书，七岁就当家理事，继承的却是一大笔欠债，不得已去当了几年兵，回来后在家干农活。他精明能干，做粮食和贩卖猪生意，很快还清了债，赎回了十五亩稻田，日子越过越好。

毛顺生和文素勤是天生的一家人，男的在外经商赚钱，女的在内勤俭过日子。韶山冲人都羡慕这一对夫妻。

文素勤娘家后山有个龙潭，内有清泉流出，四季不枯。龙潭口有一块巨石，又高又宽，传说石头下镇有一个妖怪。石头上有一座小庙，叫"石观音庙"，经常有人前来祷告。毛泽东出生后，外婆就和娘文素勤把他抱到"石观音庙"，拜石观音为干娘。毛泽东前边有过两个没养活的长兄，他就排行第三，便叫他"石三伢子"。

毛泽东外婆家是四世同堂的大家庭，都是干农活的人，日子过得红红火火。

毛顺生经常去唐家圫看望石三伢子。

有人对毛顺生逗乐说："你家石三伢子跟谁亲近啊？"

毛顺生想了想，说："跟他外婆、娘亲热。"

"跟你亲近不亲近？"外人说道。

毛顺生说："怎不亲近？我是他爹。"

外人说："你要常去唐家圫，看看你家石三伢子，小孩小时像只狗，谁给好吃随谁跑，谁带着长大，跟谁就有感情。"

毛顺生低头一想，有道理，石三伢子是我大儿子，国有大臣，家有长子，他早晚是要成为毛家的顶梁柱，跟我这做爹的没有感情，还能听我话吗？他姓毛，毕竟不姓文呀。他还盘算，等毛泽民稍大些，就把石三伢子接回家里，早点上私塾，识了字，懂的道理多，少娇生惯养，养成吃苦勤俭、精打细算的习惯，还可以替他分担事情，做家中的账目，写写契约合同，同时，让儿子读些经书知道孝敬爹娘。

这一年，要过年了，毛顺生来给岳父岳母送年货，毛泽东在屋里蹦来跳去，喊道："小孩子巴过年，大人怕花钱。"

外婆对毛顺生喜孜孜地说："石三伢子这些话不知哪里学来

的，他人虽小，讲出的话不像小孩呀，简直和大人一样。"

毛顺生说："他才四岁，懂么子？"

外婆说："我家石三伢子不同外边孩子，有胆有识。"

毛顺生说："家家是这样，都说自家孩子好。"

外婆说："石三伢子不一样，他几个表兄弟没法子和他比嘛。"

几个小孩穿上了新衣服，跑到外婆家门口，看文运昌（毛泽东表兄）、毛泽东穿新衣服。毛泽东穿了一身蓝色新衣服，头上戴着一顶通红的西瓜帽。毛泽东和几个表兄弟与小朋友们在门口玩捉迷藏。有一个胡茬丛丛的老头，喜欢孩子，在他们周围摇头摆手逗着玩。他故意板着脸，伸长舌头，拨弄着胡茬，学着虎叫，吓唬小孩子们，说："喔——，我是老虎，三天没吃饭了，逮住你们小孩，我就一口吃下肚子。"

小朋友们吓得"哇哇"乱叫，跑掉了。

外婆在一边看热闹，催促道："石三伢子，快跑！"

毛泽东望了望外婆和爹，没跑。

外婆招着手说："老虎要吃人，快跑！"

毛泽东还是一动不动。

毛顺生对外婆说："你看，这小子傻吧。"

老头冲着毛泽东装着老虎叫，问："我要吃你，为什么不跑啊？"

毛泽东一点都不害怕他，两手卡着腰，大声地问道："老阿公！你为什么要吃我呢？"

一 起了一个小名字

老头觉得这个孩子挺有意思，虎着脸，逗趣说："我肚子饿了，太想吃东西。"

毛泽东哄着说："你是可怜，没东西吃。我是小孩，不好吃，我外婆家有好吃的，你跟我去，尽你吃，好吗？"

老头摇摇头，说："我只想吃你，你肉好香。"

"我肉不好吃。"毛泽东两手用力推攘老头，一本正经地说，"你不好玩，不讲道理，你如果好玩，讲道理，我就给你吃；你要是不好玩，我就喊外婆、爹来打你走。"

毛泽东边说边镇定地望着老头。

老头哈哈大笑，一把抱起毛泽东，在他脸上亲一口，说："这孩子，有出息，这么一丁点就有胆量还又聪明，少见少见呀。"

毛泽东在外婆家断断续续待了八年。毛顺生疼爱大儿子，隐隐觉得没有尽到一个做父亲的责任，感到对不起孩子。

毛顺生每次去看儿子，见外祖母家务繁忙，外祖母都让石三伢子的表兄文运昌、文南松带他到八舅文正莹的私塾玩耍。八舅手抄《家范箴言》一卷，要学生们诵读、熟记，作为为人处世的行为准则。他语重心长对孩子们说，要"干正事、走正道、成大器"。四岁的毛泽东不哭不闹，能安静地坐下来听课、背书。八舅对聪慧的毛泽东特别喜欢，除了在学堂上教他读书识字外，还抽空教他一些超出幼儿年龄能够接受的东西，如《千字文》《六言杂字》《神童诗》等。八舅还手把手地教毛泽东写字。八舅让几个侄儿、外甥背诵《三字经》《百家姓》，他们平时贪玩，一个个都憋得满头大汗，脸涨得通红，结结巴巴背不下来。石三伢子举起手，说："八舅，我会背！"

八舅惊喜地说："你能背？"

"我能背，不信吗，你听！"石三伢子从容地背道，"赵钱孙李，周吴郑王……"他一口气背了下来，一个字不错。

表兄弟与石三伢子亲热得像一奶同胞，遇上什么事都让着他，吃什么好东西也先满足他。石三伢子捉蟋蟀，玩骨头节，咯咯地撒着笑，这让毛顺生心里得到不少安慰。更让他开心的是，儿子六岁时，回到家，下田干活也是个好把式，插秧、踹田、播种、锄草、摘拖泥豆、秋收打稻、磨面，样样都行……

九岁时，毛泽东被接回韶山冲，临行前，毛泽东的八舅送给毛泽东一本《康熙字典》。

毛顺生来接儿子，正赶上唐家坨舞狮，他与文氏全家人倾巢而出，看舞狮。街巷里，锣鼓"叮咚锵"敲响着，拥挤着围观的人，好热闹。有两个人装扮成狮子的模样，一人舞头，一人舞尾，耍出狮子各种优美、潇洒、滑稽的动作。毛顺生在军队里几年，现在又常跑长沙、湘潭和四乡八镇，卖米、放贷和贩卖猪，见过些世面，看过不少舞狮，能说出一些舞狮的诀窍。他给儿子神采飞扬地讲道："湘乡和我们韶山一样，是南狮的狮子，很远的北方，还有北狮的狮子。"

毛泽东问："北方在哪里？"

毛顺生说："很远呐，我也没去过，你问那么多干吗，听我讲就行了。"

毛泽东抿抿嘴唇，不再说话。

毛顺生说："北狮的样子像真狮一样，浑身上下身披金黄色毛，动作灵活；我们这儿的南狮，威猛雄壮，能扑，能跌，能翻，能滚，能蹦跳，能擦痒。"

毛泽东的表兄文运昌看得入神，见一只舞狮飞跃而起，把悬挂起来的青菜一口含在口中，连忙扯了下毛顺生衣袖，问："姑爷，狮子是么子吃青菜？"

毛顺生说："吃青菜，就是会生财，家里要发财。"

毛泽东看得认真，见狮子眼睛微微睁开、半睁开、大睁开，伸懒腰、打哈浪，狮口一张一合，两眼左右观望。毛顺生说："这叫'醒'，是狮子醒来了；后边就是'动'，是狮子走路的样子；再下来，就是'静'，鼓声会停下，狮子也会安静下来……"

毛泽东的外公一直听毛顺生讲话，他兴致勃勃地说："顺生，看不出来，你对舞狮这么在行啊。"

"要得。"毛顺生"嘿嘿"笑了笑。

毛泽东的外公说："我们家再有么子大喜事的话，顺生给舞狮。"

文运昌、毛泽东乐得使劲鼓掌，文运昌还欢呼雀跃，"阿公舞狮喽——"

毛泽东两眼亮闪闪的，问："爹，你真会舞狮？"

毛顺生答非所问，说："你快看舞狮吧。"

狮子舞到毛泽东跟前。当地有习俗，狮子要到谁的身边，谁就要赞几句吉利话以讨个口彩,那些吉利话通常都是整齐押韵而富有诗意的顺口溜。毛泽东身边有人担心吟不了诗句,悄悄地往后退。毛泽东朝前站,两眼紧紧盯住舞狮,说:"要得,我能吟诗。"

毛顺生拉拉儿子,要后退,不悦地说:"小孩子逗什么能,诗是什么,你懂多少?"

毛泽东不愿离开,"我能吟诵嘛。"

外公乐呵呵的,"顺生,要得,你不了解你儿子,他能吟诗喽……"

毛顺生望着儿子,半信半疑。

毛泽东不假思索,脱口而出:

《应舞狮》
狮子眼鼓鼓,擦菜子煮豆腐。
酒放热气烧,肉放烂些煮。

毛顺生惊讶了,儿子真会出口成章,吟诵诗词哪。

外公喜形于色地说:"顺生,毛家出了一个诗人,你有福气呀,真是青出于蓝胜于蓝。"

毛顺生抚摸着毛泽东的头,说:"我回去是要给祖坟烧纸敬香的。"

毛泽东要离开外公外婆身边,他眼中滴出了难过的泪水。

外婆也泪流满面，不忍心外孙离开。她用商量的语气说："顺生，要不石三伢子留下来，过几天再回去？"

毛顺生说："孩子慢慢大了，还是回去读书好，老师都找到了。"

外婆说："在这儿一样能读书，与几个表兄弟在一起，也热闹。"

毛顺生说："石三伢子是长子，将来是家里顶梁柱，还是早点回家。"

外公不让外婆说下去，插话道："顺生的话在理，石三伢子还是回家读书好，他是长子。"

外婆的手不住地抹泪水。

外公不放心地说："顺生，从小看大，石三伢子聪明，才智过人，要好好地培养，千万不要耽误读书。"

毛顺生说："哎，要得，我也是这样想的。"

二 "牛司令"

六岁开始,毛泽东常回到家中。

韶山冲是七山一水二分田的地方,脚下的土地像泼了颜料,红红的。 初夏,韶山冲满眼是青山绿树和一垄垄庄稼,插满秧苗的水田在阳光下清波闪闪,像一面面巨大的镜子。

毛泽东开始跟着大人干活。 他和几个小伙伴去放牛。 毛泽东赶着家里的黄牛,让一个小胖子排着队走,他不肯听,翘着鼻子,说:"你才回来几天,凭什么命令我!"

毛泽东说:"排队走,我们个个有精神,不好吗?"

"就是不好。"小胖子瞧不起地说,"你要让我听你的,你敢打个赌吗?"

毛泽东鼓起劲说:"敢赌,你说。"

"你能骑上我的牛,我就听你的。"小胖子拍了拍牛屁股,显出得意扬扬的神气。

小伙伴们都站下了,有一个小伙伴喊:"石三伢子,不要听他话,他家的牛认生不好骑。"

这是一头高大强壮的黑犍牛，两眼铜铃一样大，头上两个犄角粗粗的、长长的，身上的皮厚厚的，身子胖墩墩的，四条腿脚结实宽大，看出来，力气很大，耕地拉庄稼有劲道。

　　毛泽东在唐家圫外婆家骑过牛，那是八舅带着他们几个表兄弟一块儿玩的。他不仅骑过牛，还骑过马、驴、羊，牛是最难骑的，牛的皮溜滑，骑上之后左右滑动，在牛背上，如果偏了一点，就会滑下来。他刚骑牛时，上去就滑溜下来。骑牛是要有点功夫的，牛在走路时，身子左右晃动，要骑在中央，双腿夹着两边肚子。毛泽东佩服八舅，没人敢骑的马和牛，他有勇气和胆量骑上去。他和人比赛过骑马和骑牛，那是一种不听话、很野的马，坐在光秃秃的马背上，两腿夹着马肚子，马就上蹿下跳，想把八舅摔下来。他骑在马背上，一只手拉紧缰绳，在马背上前仰后合，可就是跌不下来。

　　毛泽东想着八舅说过的话，"驴骑屁股马骑腰，牛骑脖子扳犄角"。他来到黑犍牛跟前，学着八舅，先用手轻轻地挠了挠牛身子，又挠了挠牛头、牛脖子，牛自在悠闲地摇摆着短短的尾巴。他扳过牛的犄角，牛顺从地低下头，让他踩着脖子，爬上牛背。

　　小伙伴们欢呼了，"石三伢子赢啦——"

　　小胖子认输了，"石三伢子，你赢了，我心服口服，从现在开始，我听你的。"

　　阳光细细地照耀着，河边的苇丛挑起一条条如尾的穗子，好看的小鸟在小树上东张西望，像等待牧童悠扬的歌声，草地上这儿那儿开着小小的野菊花。小伙伴们把牛散放在草地上，自由自在地吃草。他们有的抱在一起摔跤玩；有的睡在草地上，嘴里叼一根软软的颤颤的狗尾草，眼睛四处乱瞅；有的站在池塘边，捡一块扁扁的石片，用力打一个水漂。毛泽东忽然喊了一声："你们想不想听故事，我讲'武松打虎'给你们听。"

小伙伴们都知道毛泽东喜欢读书，肚子里有那么多好听的故事：梁红玉击鼓抗金、武松打虎、孙悟空三打白骨精、岳飞枪挑小梁王、哪吒脚踏风火轮。他讲故事了，有板有眼，讲的情节，惊心动魄，讲的人物，活灵活现，像真的一样。小伙伴们听得入神，没有人讲话，没有人咳嗽，生怕打断了毛泽东讲故事。

一个故事没讲完，毛泽东回头看吃草的牛，哎哟，不好，他的黄牛和其他牛全跑人家田地里吃禾苗了。他带着小伙伴们赶过去，急忙赶牛。牛吃青嫩的禾苗上瘾了，不愿离开，甩甩头，嘴唇馋馋地挂下一串涎水，跑上几步，躲闪开小伙伴们，埋下的头根本不抬起，一口接一口啃嚼着禾苗。小伙伴们拣起泥疙瘩掷牛，用柴枝拍打着牛屁股，它们才恋恋不舍地跑出田地。

有主人发现田地里的禾苗让牛吃了不少，嚷嚷着找到小伙伴们的家里，要赔偿。

毛顺生在家里脾气不好，对外边人，通情达理。他赔了人家一大堆好话，又赔了被牛吃掉的禾苗。毛泽东被毛顺生骂了，被不轻不重地打了一顿。

文素勤看不过去，埋怨说："石三伢子不常回来，到家才几

二 "牛司令"

天，你不是抓他下地，就是抓他放牛，你当他有多大，他不过六岁啊，能懂多少事，你这样骂着、打着……"

像往常一样，只要文素勤出面讲话，毛顺生再大的火气也渐渐消了。他嘀咕几句，"他还能一辈子待在唐家圫啊，早晚还不回来读书、干活？我看照这样下去呀，就是读了书也成不了材，还得靠骂、靠打。"

文素勤背后搂住儿子，安慰说："你爹就是这副脾气，动不动就发火打人。石三伢子，你爹心眼不坏，心里疼着你们，他喊呀骂呀打呀，都是为了家里能过上好日子，为你和泽民将来着想的。"

半晌，毛泽东说了一句话："娘，爹要像七舅、八舅一样多好。"

文素勤咬着嘴唇，使劲地晃了晃头。

第二天，毛泽东还把委屈憋在心里，早饭没吃，背上大篓子，赶黄牛朝外走。娘抓块面饼追上毛泽东，把它塞进他怀里，低声说："还生爹的气？事情过去就算了，小孩莫记仇，你爹早都忘了。"

心事，是一个流浪者，四处乱走，没有落脚的地点。

毛泽东边走边吃面饼，不由想起牛偷吃禾苗的事，心里难受。他想，爹爹不太讲道理，牛偷吃禾苗，是稍不注意跑进去，也不是故意的，谁没有做错事的时候？爹爹就没做错过事吗？那也该打屁股？面饼吃完，他揩了揩嘴唇，又想，打人算什么英雄，打我一个小孩更算不上什么英雄，有本事讲理，看谁讲过谁。

黄牛慢腾腾走着。它一身黄膘毛像绸子般光亮，从头到尾，由上到下，黄澄澄的，弯角青里透亮。毛泽东看着身上沾满着泥巴的黄牛，它迈着不紧不慢的步子，不时晃动一下尾巴，甩打在厚实的屁股上，打得一些泥块往下掉。他抱怨说："黄牛，全是你偷吃人家禾苗，让我挨了打，现在屁股还火燎燎地疼。唉，你怎么跑人家田地里，吃人家的禾苗呢？你知道，你这一糟蹋，我家赔了人家一升稻谷，要不爹爹怎会打我、骂我呢？"

黄牛不会说话，不懂少年毛泽东的心事，鼻孔中喷着热气，埋头走路。

太阳一点一点升起来，小草上挂着的露珠，映着鲜艳的阳光，闪烁着纯洁的光芒。

小伙伴们放牛又走到了一起，他们都有点无精打采，闷闷不乐。有的小伙伴垂头丧气地说："爹爹用擀面杖打我屁股，真疼。"

有的小伙伴一脸委屈地说："牛长着四条腿乱跑，能怪我吗？"

有的小伙伴举起拳头，义愤填膺地说："全怪那个告状人，我还会薅掉他家田里的秧苗。"

毛泽东不讲话。小伙伴们奇怪了，问："石三伢子，你爹没打你吗？怎么不说话？"

小胖子说："我听见的，石三伢子挨打的，他爹打人狠呐。"

二 "牛司令"

毛泽东望了望大家，说："你们这样吵吵有什么用，现在还不是要放牛？今天哪头牛要是吃了人家地里禾苗，谁个回家还要挨打。"

小伙伴们有的搔着后脑勺，有的低下头，不再喊喊喳喳说话了。

毛泽东在想一件事，有没有么子办法，能把牛放好，又能让大家玩呢？

早晨的空气含着小草、小花的气息，清新香甜，吹在毛泽东的脸上，醒目怡神。

一个好点子出现了。毛泽东轻轻拍着脑门，连连叫好，说："有办法了……"

小伙伴们拍着手，欢喜地问："说说，么子办法？"

"听我的。"毛泽东笑眯眯的。

毛泽东把同伴们组织起来分成三个班：一班看牛，不让它们吃了庄稼；一班割草；一班去采野果子。每天轮班，今天看牛的，明天割草，后天去采野果子。

"好，'牛司令'——"小伙伴们抬起毛泽东，欢呼这个点子巧妙。

小伙伴们又都到了原来放牛的地方。

晌午，牛的肚子吃得滚圆滚圆的，哞哞地叫着，毛泽东用手给自家黄牛梳毛，它舒服极了，喷个响鼻，不停摇晃不长的尾巴；割草的孩子们，都装满了一大篓子；采野果子的孩子们，从树林里带回来大堆大堆酸甜的野果。毛泽东把草和果子拿来，分给每个人。

人家屋子的囱子飘起乳白色的炊烟时,突然,毛泽东肚里"咕咚"一响,他觉得饿了,想起早上没吃什么饭,鼻前顿时仿佛有一股米饭的香气在徐徐地萦绕……

二 "牛司令"

三　教不了的学生

　　毛泽东出生于一八九三年十二月二十六日，湖南省湘潭县韶山冲的上屋场。毛泽东的爹爹毛顺生，请了一个老先生给儿子起名毛泽东，字为泳芝。男孩属"泽"字辈，故取"泽"字。至于"东"，以东南西北对春夏秋冬，取其老大的意思。

　　韶山冲十里长，是个美丽的地方，群山怀抱，绿树翠竹，清流淙淙。韶山冲散落着稀稀拉拉的农户，住着毛、孙、李、郑、彭、郭、庞等姓人。韶峰，是南岳衡山第七十一峰，是彩霞最早照到的地方。老人说，韶山冲钟灵毓秀，人杰地灵。毛顺生请来八字先生为毛泽东算命说他命好八字大，将来能成大器。

　　一个长满荷花的池塘，把毛泽东家的房子和村子分了开来。东边是毛泽东的家，西边是邻居邹家，中间堂屋两家共用。这是南方常见的"一担柴"式农家住房，泥砖墙，一多半盖着小青瓦，一小半盖着稻草，左右辅有厢房，进深二间，后有天井、杂屋，有一座牛棚，一个粮仓，一个猪圈，还有一个小小的磨坊。

毛泽东在南岸私塾读书。南岸私塾在毛泽东家门口两个池塘的南岸上。私塾建得像一个祠堂，青砖灰瓦，四个屋角上都有一个高高的风火垛子，挺气派。私塾办在了厢房的楼上，只有五六张桌子。

教书先生是一个古板的人，叫邹春培，他与毛泽东的祖父毛翼臣同辈，毛泽东喊他"春培阿公"，邹春培称毛泽东"石三伢子"。他对孩子有名的严厉，经常打手板，打屁股，揪耳朵，罚站，罚跪。家长知道了，还啧啧称道，严师出高徒。那时，都信奉"不打不骂不成材"、"棍棒底下出好人"。

毛泽东聪明好学，邹先生自然喜爱，从来没有打过他板子。很快，邹先生就发现这个学生有着"特殊"之处，那就是不好管教。当他第一次背书时，就依旧端坐在自己的课桌上一丝不动。邹先生责问道："为什么不跟大家一样站着背书？"

毛泽东回答："你是坐着的，我也要坐着背。"

邹先生到学生家串门时，把这个事情告诉了毛泽东的爹爹，毛顺生说："石三伢子兴许是背不出来吧？"

邹先生摇头感叹说："你家儿子脑袋瓜很聪敏，不是一般的聪敏，只要读几遍就能记住。"

邹先生教毛泽东读书，打算从《三字经》《百家姓》起，可是，他见毛泽东会背，知道他四岁时住外婆家就被教过，倒背如流；他又从《论语》《孟子》等儒家经典教起。邹先生教学生临摹字帖，毛泽东竟然不愿意，要自己放手写，邹先生有点不高兴，哪有这样不听话的学生，他说："石三伢子，你太狂了。"

三　教不了的学生

毛泽东说："我写一页纸给你看，好不好？"

半晌，他没吭声，后来勉强点点头。毛泽东写出了字，他一看，惊了，比别人临摹的还要好。邹先生大开眼界，连连点头，称赞说："太少见了，奇才。"

温习功课时，毛泽东看课外读物，邹先生发现了，叫他站起来背一段《离骚》。毛泽东不卑不亢，说："我会背。"他一字不漏地背了出来。

最顽皮的学生，只要学习好，先生嘴上说他不好，心中却偷着喜爱。邹先生就是这样偷着喜爱毛泽东。他想好好地"修理"一下心气太高的毛泽东，让他知道也有不会的地方，就出了一个难题："濯足"。毛泽东不假思索，顺口应对："修身"。

邹先生听罢，心中叹服了，"对得妙！好！"

邹先生找到毛顺生，双手抱拳作揖，感激地说："顺生侄儿，感谢你送来一个品学兼优的好学生，石三伢子了不得啊，他的才学比我高，我已经快教不了啦。"

毛顺生怀疑耳朵听差了，不相信说："阿公，过奖了，是不是石三伢子不听话，又惹你生气了？"

"不是，不是。"邹先生两眼里荡漾着喜色，笑着说，"我说的是好话哇，别的孩子需要严格管教，石三伢子不需要。这孩子天资聪颖，不需要我费神，偶尔有点小毛病，瑕不掩瑜，不足挂齿。你知道吗，学生们给他起了个绰号叫'省先生'。"

毛顺生听出滋味了，问："什么省先生？"

邹先生"呵呵"乐道："顾名思义，省事啊。"

邹先生简直成了毛泽东的义务宣传员,见人就夸奖,说这一辈子教了不少学生,数石三伢子出尖,最聪慧。

好孩子有时候倔劲真的大。这天,毛泽东生了一股倔劲,离家逃学了。

正是盛夏三伏天,太阳流火,燠热难受。邹先生去人家吃生日酒,让学生们自己念书。五六个学生坐在木楼上,像在蒸笼里,身上冒着热汗,手捧书本,晃着脑袋,有气无力地念着课文。不知是谁第一个说了一句话,要到树林里捉斑鸠,接着是谁又使劲鼓掌大声附和称好。同学们纷纷站起来,要走出门,这当儿,毛泽东两只臂膀一举,喊道:"谁愿去池塘里洗澡,跟我走。"

随即,五六个同学举手喊道:"我去——,洗澡凉快——"

毛泽东又说:"我教你们学游泳。"

有同学问:"你会游泳?"

毛泽东说:"我在唐家圫就学会游泳了。"

"我学游泳——"几个孩子生怕毛泽东不教游泳,抢着喊道。

他们像一群麻雀"呼啦"飞到池塘边,剥光衣服,跳进水里。有会游泳的,两脚扑打起水花,朝池塘中间凫去。不会水的,站在池塘边,边朝身上撩水,边喊:"石三伢子,快教我游泳。"

"来啦。"毛泽东游泳像一条小鱼,轻盈快捷,一忽儿跃起身,两手扑向前,一忽儿仰在水面上,面朝天上。几个同学看

三 教不了的学生

着水中的毛泽东，自由自在，好不羡慕，喊道："石三伢子，你会游泳，我们还不会，快来教教啊……"

毛泽东憋上一口气，扎了一个猛子，消失在水面上。几个孩子盯住平静的水面，想看毛泽东游到哪儿。毛泽东从南岸边水面上"哗啦"钻出来，有的孩子惊喜地喊道："石三伢子真厉害，一个猛子扎下这么远。"

毛泽东抹一把脸上水珠，说："来，教你们游泳。"

几个孩子在池塘边浅水里胡乱划着水，毛泽东拉起他们说："想学游泳，不要怕呛水。"

几个孩子学游泳正在兴头上，一个同学忽然喊道："先生回来了——"

邹先生看到学生们在池塘里玩水，脸上暗下来了。

几个学生被叫到了屋里，并肩排成一行，耷拉着脑袋，浑身上下淌着水。

邹先生厉声问："谁带头出去的？"

同学吓得身子战战兢兢，没有吭声的。

毛泽东昂着头说："我带的头洗澡，要打就打我吧！"

"你带的头洗澡？"邹先生吃一惊，自己喜爱的好学生，怎么不听先生的话，带着同学洗澡呢？他还有点怀疑，又追问一句："真是你带头？"

毛泽东爽快说："春培阿公，是我带的头。"

邹先生说："石三伢子，你是个品学兼优的学生，怎么不听先生的话？我问你，该怎样受罚？"

"随便。"毛泽东没有胆怯。

"还犟嘴。"邹先生心火冒出来了,举起二指宽的竹篾片就要打,毛泽东一转身跑下了楼。邹先生气得浑身发抖,追下了楼,站在门口,望着朝远处跑去的毛泽东背影,气呼呼说:"石三伢子,你跑吧,跑了初一,跑不了初二。"

学生都走下楼,望着邹先生。邹先生用手中的竹篾片指着学生,狠狠地说:"你们看着,我怎么收拾石三伢子。反了,都反了!"他突然对学生猛喝一声,"都回去念书!"

邹先生去了毛泽东家里。毛顺生正在田里薅草,听见妻子文素勤喊他快来家,他边往回赶,边不情愿地嘟囔:"么子事,大呼小叫,没看到田里一大片的活吗?"

邹先生气呼呼地坐在门口。毛顺生笑呵呵地问:"阿公,么子事?"

邹先生大声地嚷道:"么子事?你家石三伢子不得了啦,我教不了,快把他领回来!"

"他做么子事了?"毛顺生性子急,火气蹿上来了。他平时对毛泽东管束厉害,有时毛泽东说了一句不中听的话、做了一件不中意的小事,他都会生气,大声喝叱。

邹先生带着火气说:"他带同学偷偷下水洗澡,我要管教他,跑了。"

毛顺生眉毛窝成一团了:这还了得,还敢偷偷下水洗澡,万一有个好歹咋办!他瞪大眼睛问道:"石三伢子在哪儿?我找他去。"

三 教不了的学生

毛顺生想狠狠地管束一下毛泽东。平时，他性子上来，没少打毛泽东，儿子认死理，任凭着打，身子不动，也不哭，越打越倔犟。一次，秋收时节，家家户户把稻谷打下来，一大摊一小摊放在坪上晾晒。忽然，天上飘起了小雨，大家忙得像蜜蜂，手忙脚乱，抢收稻谷。毛顺生大呼小叫，要毛泽东跑来家抢收稻谷，他干吗呢？帮助一家佃户收稻谷。毛顺生气得顿脚直骂："你个养不熟的败家子，下雨了，狗都知道朝家跑，你看着自家稻谷遭雨泡，跑到人家行善事。好好好石三伢子，我只当没生你，今后你莫回家……"

毛泽东一本正经说："我们家不是稻谷多嘛。人家已经很穷，还要交租子，如果稻谷遭雨泡了，一家人还吃么子？"

毛泽东仍然照着自己的想法去做。

又一次，年底，毛顺生让毛泽东去人家取回一笔卖猪钱。回来的路上，碰见了几个衣服褴褛的穷人，他就把手中的现钱全给了他们。

这当儿，毛顺生又想起毛泽东嘟囔过的话，说乡村先生死脑筋，守旧，不开化，只是照着书本读写，不讲解，啃死书，有些教法还不对，不合自己的心意，不想读了。他心火更乱窜，抓起一根楠竹丫子，和邹先生一块追赶儿子。

"畜生！你在哪！"毛顺生气得直跺脚，骂道，"看我不打死你这不孝的东西！"

毛泽东拼命地跑，脑袋后面像萝卜秧子一样的小辫子颤悠着，脸上的汗珠不停地朝下滚落。跑累了，他歇下脚，擦掉

少年毛泽东

汗,又跑。他知道,回到家里,少不了要挨一顿打,这一次娘肯定劝不住。

太阳向着西边的山头靠近了,小路上绿树婆娑,投下斑斑点点的阴影,树叶在暑热中软软地耷拉下来,三两只鸭子受到毛泽东奔跑的脚步声惊吓,扑打着翅膀,窜下河里。

韶山冲四周的山岭像大海波涛汹涌,层出不穷,山连山,峦接峦,纵横交错。韶峰又高又大,大小山岭围绕在它周围,四处延伸,山谷幽深、宁静。

毛泽东在山中漫无目的地乱走,不知道自己要去哪里。他心里有点难过,觉得自己不如一只鸭子,它们跑累、跑饿,还能有个归宿的地方,他呢,现在能到哪儿去?他想到了外婆家,外婆疼爱他,几个舅舅也疼爱他,几个表兄弟更是他的保护伞。可他没想到去,爹肯定会去那里找他……

太阳慢慢落山了,最后的一丁点儿晚霞散尽了,天边挂上了一轮亮堂堂的明月;远处,一只什么鸟儿"咕咕"地叫着,树林里黑洞洞的,不时传来窸窸窣窣的响声。

毛泽东有点着急了,上哪儿去过夜呢?

正在着急的时候,毛泽东隐约看见前边闪烁着一星火点,他心里紧张得怦怦直跳,是什么?难道这里有人?他壮着胆子走过去,一看,是位老爷爷,坐在田地里抽旱烟袋。

毛泽东说:"老爷爷,你住在这里?这是什么地方,离韶山冲远吗?"

老爷爷瞅一瞅毛泽东,说:"你是韶山冲人。"

三 教不了的学生

毛泽东感到有些蹊跷，问："你怎么知道？"

老爷爷自言自语说："一个人在这里住一辈子喽。"

毛泽东担心问："不害怕吗？"

"嘿嘿，习惯了。"月光中，老爷爷两眼炯炯有神，说，"小孩子，天黑了，要去哪里？不怕吗？"

毛泽东说："有点怕，不过，现在有你在，不怕了。"

老爷爷说："你呀，可能不是迷路，是贪玩忘了回家，对不对？"

毛泽东不好意思了，"我和先生顶嘴了，躲课下塘洗澡，爹爹和先生要打我，不敢回家。"

老爷爷听了，哈哈大笑。

毛泽东闹蒙了，"我说的实话啊。"

"嗯，"老爷爷抽口烟，点点头，"听出来，是实话，我喜欢说实话的人。孩子，不要走了，告诉你，不要害怕，你还没有走出韶山冲啦。"

毛泽东瞪大眼睛，吃惊说："韶山冲这么大啊……"

老爷爷微笑道："你是小孩子，翅膀还软，现在飞不出去呀。你今晚住这里，明天早上回家，保你爹爹、先生不会再打你。"

毛泽东有点惊异，"为什么？"

老爷爷慢腾腾说："今晚不回家，你家里人，还有先生，都会为你担心，深山老林里，蛇虫虎豹都有，他们怕你出事情，不会再追打你。你明早起来早点回家。"

"唔。"毛泽东应了一声。

老爷爷磕了磕旱烟袋，站起身，说："趁着月光好，把田里剩下的一点活干了，我们回屋睡觉。"

毛泽东兴冲冲说："我帮您一起干。"

"你能干？"老爷爷看到毛泽东年龄不大，不太相信他会干农活。

毛泽东拿起铁锹，到田地里，借着月光，修补田沟。

老爷爷表扬说："小小年纪会干活，好孩子。"

这一晚，毛泽东美美睡了一觉。

天刚亮，老爷爷催促毛泽东起床，慈祥地说："快回家吧，你爹娘肯定在等你。"

回到私塾里，邹先生对毛泽东说话不太客气，但温和不少。

毛顺生真的没有再打毛泽东，但他目光中流露出了失望，深深地叹息一声。他责怪自己，把儿子从小就放在唐家坨外婆家，养成了不听他的话、胆敢犟嘴"离经叛道"的脾气……

四　吟出一首《吟天井》

毛泽东每天黎明就起床，洒扫庭院，白天上课，早晚还到田里干活。

他在南岸私塾就学两年后，来到离家两里外的关公桥私塾。毛咏生是一个更显苍老，更古板的老学究，他是很多学生眼里有名的"恶先生"，他常因毛泽东的与众不同以及刨根问底的读书方式而懊恼。

毛先生教学生读《诗经》，毛泽东已经学过了，于是，上了几天课，没了兴趣，就看《水浒全传》。毛咏生知道毛泽东已读过《诗经》，睁一眼闭一眼没管他。同学们有时拥着毛泽东，嚷着要考一考，问："《小雅·节南山》什么内容？"

毛泽东背诵如流水，"节彼南山，维石岩岩。赫赫师尹，民具尔瞻。……"

同学又问："《小雅·天保》什么内容？"

毛泽东背道："如月之恒，如日之升。如南山之寿，不骞不崩。如松柏之茂，无不尔或承。……"

同学们听了，连连点头，说："不要再背了，石三伢子能当我们先生了。"

一天放学后，毛先生向毛泽东招手，"来，跟我走。"

一畦菜地，长满紫亮的茄子、饱满的豆角、光滑的黄瓜、青嫩的牛皮菜。毛先生领着毛泽东到了一畦菜地，扯下一根牛皮菜，让毛泽东带回家去。毛泽东不好意思，说："先生，学生受之有愧。"

毛先生郑重说："拿着。不过，明天一早必须还我一根与牛皮菜能'对得上号'的菜。"

毛泽东愣了愣，瞬间，明白了毛先生的意思，可能自己在同学中有点"张扬"了，毛先生是以这"一根牛皮菜"提醒他不要再在同学中吹牛皮了。

"先生，"毛泽东憋不住了，说，"你能等一下，我就交上'对得上号'的菜。"

毛先生愣了愣。

毛泽东在菜地里跑了几步，扯了一根马齿苋，快步上前交给毛先生。

一向古板严肃的毛先生，脸色由白变红，顿时发出由衷的赞叹："牛马相对，对得好，对得妙啊。"

毛先生没有难住毛泽东。毛泽东在这里学了几个月。毛先生找到了毛顺生，要求毛泽东转学。

毛顺生没有求毛先生，他想，强扭的瓜不甜，毛先生不愿带石三伢子，再求着去，儿子也不会把书读好的。

四　吟出一首《吟天井》

毛泽东又来到桥头湾私塾，住在这里读书。他的塾师是周少希。毛泽东开始临帖，练习书法。后来，他开始大量阅读《水浒传》《三国演义》《西游记》《精忠传》《隋唐演义》等中国古典小说。课堂上，周先生一走过来，毛泽东马上把古诗书竖起来遮挡，装着没发生什么事。一次，他偷看《水浒》，津津有味，被迷住了，为受了冤屈发配沧州的林教头鸣不平，失声说道："林冲被发配沧州，太冤了……"

周先生正在教读四书五经，毛泽东已读过了，可他还是愿意再学一次。

这个私塾有点像地狱一样，周先生经常用竹篾皮打学生屁股，打人的手板，如学生默写课文，错一个字，看这个错字有几笔，就要打几下屁股或打几下手心。有一次，一个学生默写"经"字，错了，"经"（經）字有十三画，周先生硬是把这个学生脱下裤子，打了十三下屁股，打得通红。毛泽东没有被先生打过屁股、手心，却认为这个先生太可怕了。这个私塾的周先生，年纪不大，思想却十分守旧。一天上午，周先生家里有事，给学生点完书后办事去了，学生就像脱缰的野马，各人玩各人的游戏去了。

毛泽东独自一人端端正正坐在位子上，先把周先生点的经书写了一遍，然后悄悄地从书箱里拿出一本《薛刚反唐》，压在经书底下，装看经书，其实是在津津有味地看小说。看得正入神，周先生走进教室，毛泽东被小说中的故事吸引住了，周先生走到他的背后也不知道。

猛地，周先生把《薛刚反唐》夺走了，眼睛瞪着毛泽东，张口就骂："你！你是反叛！我不敢教你这样的反叛学生，快收拾你的书回去。"

毛泽东没有申辩，向周先生鞠了一躬，一边收书，套笔，一边说："请先生把书还给学生，这书是我舅舅的。"

周先生把书丢给他，带着一身火气，走出了教室。

周先生看毛泽东越来越有点不舒服了。

同学们喜欢毛泽东。

周先生打学生成了习惯。一个同学背书错了一句，周先生脱了这学生裤子，用竹篾皮打屁股，把屁股打得青一块、紫一块，学生疼得"哇哇"叫。毛泽东看不下去，走上前，夺过了先生的竹篾皮，说："周先生，饶他这一回呗。"

周先生更来火，学生胆敢抢老师的东西，这还了得，是大逆不道嘛。他冲毛泽东"虎"起来，要打毛泽东。毛泽东没有怕，挺着胸，说："我书会背，字会写，不吵，不调皮，你凭哪一桩要打我？"

周先生气得脸红脖子粗，有气不好出，只得到毛顺生家里告状。

毛泽东放学回到家里，毛顺生从嘴里拿出旱烟杆，吐了一口烟，气呼呼地说："你本事越来越大，让先生今天找来家了，我平时跟你怎么说的，要好好听先生的话，不要惹先生生气，你听了几句，全当耳旁风，忘得一干二净。"

毛泽东不服气说："周先生做得不对……"

四 吟出一首《吟天井》

"反了，你还胆敢说先生做得不对。"毛顺生拖起竹棒要打毛泽东。

毛泽东边跑边喊："你凭什么要打我……"

毛顺生边追边喊："师为父，你不听先生就要挨打。你，你读你的书，别人的事碍你什么事，管什么。"

在爹爹面前，毛泽东有理说不出。他憋着气朝山里跑，毛顺生没有追上，弄得上气不接下气。

蜿蜒悠长的韶河，碧水清澈见底，毛泽东沿着大堤跑一会，走一阵，两手不时抹着脸上的汗水。他敞开怀，朝外散发着热气。

路过上屋场的家，他朝那里望了望，见房后小山包上的一棵棵松树、樟树、密密的楠竹子，枝不动，叶不晃，寂寥地朝着他，像在为他的遭遇伤心难过哩。毛泽东没有看到家里人，没有看到很想见到的娘，娘常常在门前纺棉、缝纫、洗衣服、拣柴禾，走到池塘边小小的木头踏板上，弯着腰拎水浇冬瓜。

他一扭头，走过上屋场的家，一口气走了六里多路，到了东茅塘伯祖父家里。堂伯祖父的儿子毛麓钟是韶山冲毛氏家族中唯一的长沙学府秀才，见多识广，有学问。小时候，每逢年关，在官衙做幕僚、谋士的阿公毛麓钟回乡，爹爹会带着他来拜见他，自己总是躲在爹爹的身后，用好奇的眼光打量这个颇有威严的长辈。

毛泽东给阿公毛麓钟一五一十说了发生的事情，毛麓钟抚摸着毛泽东的头，用疼爱的口吻说："看看，把孩子逼成什么样子了。石三伢子,暂时不要回去,住我这里,让你爹捺一捺那急性子也好。"

毛泽东心里一暖,感动得眼睛里发热。

毛麓钟感慨地说:"你爹那性子,像把火,也该改一改,管孩子也不能硬来。"

毛泽东在阿公家里住下来了。

连续两天,毛顺生不见石三伢子回来,他去桥头湾私塾找周先生,问:"石三伢子回来没有?"

周先生惊诧地说:"他没回家吗? 他没回学堂。"

毛顺生讲:"他没有回家。"

周先生蒙了。

有同学说:"石三伢子喜欢游泳,是不是到山涧里找一找?"

有的人说:"石三伢子喜欢躲到山里看书,莫非在哪个山里看书去了?"

他们七找八找,就是没有找到。

两天过去了。

文素勤心里不踏实,说:"过去,石三伢子跑出去,最多待一晚就回家,这回怎么了?"

她担心石三伢子有个好歹,急得生病了。

毛麓钟第三天来了,见文素勤为儿子没回家急出了病,告诉说:"你们不要急,石三伢子在我家里。"

文素勤一听,心里悬着的石头落地了,转忧为喜,连连说:"这下好了,他阿公,让你操心了。"

四 吟出一首《吟天井》

毛麓钟望一眼毛顺生说:"你们管孩子也不能这样逼他,会惹出事情来的。我回去让石三伢子回来,你们不兴再打骂……"

毛麓钟回到东茅塘家中,说了文素勤为想石三伢子生了病,毛泽东有点待不住了,问:"我娘病得重吗?"

毛麓钟宽慰说:"是一时心急,没有大事。石三伢子,你回去吧,我对你爹说了,不兴打你。"

毛泽东心急火燎回来了。

听见屋里有爹爹的讲话声音,毛泽东没敢进来,蹲到池塘边上看书了。

毛顺生撞见了儿子,毛泽东躲闪一下,心想:你若要打我就跑。毛顺生没有打他,说:"你回来,我不打你。"

毛泽东有点奇怪,爹爹真的不打我了?

文素勤见石三伢子回来,病也好了。她急忙给他煮饭、炒菜。毛泽东吃完饭,抹抹嘴唇,说:"娘,我让你操心了,对不住你。"

文素勤笑起来,"石三伢子,你回来就好了。"

这时,毛顺生走了过来,毛泽东怕他发脾气,想离开。文素勤说:"石三伢子,不要走,你爹说过,不再打你。"

毛顺生用宽厚的口吻对儿子说:"桥头湾你不愿去就算了,我们到井湾里去。"

秋天,毛泽东转到了井湾里私塾读书。

井湾里私塾,先生是毛宇居,他是韶山的"名人",诗文和书法很有名气，被当地人称为"韶山一支笔"。谁家要办什么喜庆活动，都要请他代笔，写对联，写贺词，他的私塾学堂，专门招收毛氏子弟入学。

他和毛泽东同一辈分，比毛泽东大六岁，按排行是兄长。毛泽东口口声声称呼先生是大哥，毛宇居乍一听，心里很不舒服。毛宇居对毛顺生有点哭笑不得地说："你儿子是花果山上猴头吧，那个顽皮劲比哪个小孩都大，想不到的点子他能想到，常常跟我作对。"

毛顺生赔着笑脸说："嘿，让你费心了，这小子会这样，他在外婆家待的时间多了，娇生惯养，脾气也偏。"

毛宇居说："我在上面讲课，他在下面偷看小说。"

毛顺生挑起眉毛说："我把石三伢子交给你了，他要是不听话，你尽管打板。"

毛宇居晃晃头，慢条斯理地说："话是这样说，哪能要打就打，打得习惯了，小孩子皮子疼心里不会疼。"

毛宇居对毛泽东又爱又气。他高兴地看到，毛泽东是个善良的孩子，学堂里有一个名叫黑皮伢子的小同学，家里贫穷，常常不带中午饭到校，到晚上才回家吃晚饭。别的孩子吃饭了，他悄悄地躲到一边。毛泽东发现后，找到他，要把自己从家里带来的午饭分出一半给他吃，他不好意思接受，支吾说："我不饿。"

毛泽东说："大家都饿，你能不饿？吃吧。"

他眼巴巴地望着毛泽东，问："你的饭够两人吃的吗？"

四　吟出一首《吟天井》

毛泽东点着头，说："够吃。"

从此，毛泽东每天让娘给自己带午饭时就特意多装上些，让他和黑皮伢子都吃饱饭。

毛宇居没有想到，毛泽东聪敏过人，毛泽东先读《幼学琼林》，接着读《论语》《孟子》《中庸》《大学》。毛泽东记忆力强，能够口诵心解，很快领悟。

毛宇居暗想，有人说，调皮小孩聪敏，看样子，这话一点不假，毛泽东一篇课文读上几遍就会背诵了。有时，毛泽东淘气后，毛宇居故意让他多背诵点《左传》，这本课文难背，但难不倒他，毛泽东站立着，不慌不忙，心静如水，不疾不徐地背着，朗朗上口，中间没有一点停顿。

毛宇居喜欢听毛泽东的背书，虽有稚气，但也有感情，有韵味，像屋檐上的雨滴一下下打在芭蕉叶上，清纯悦耳。可是，毛泽东有点不习惯这位本家"大哥"教书了，他管学生太严，板着脸孔教书。他要求学生上课坐得端正，两眼不许东张西望；认真听讲，不准做小动作，不准交头接耳；先生讲课，不准插嘴，温习功课不准走动等。

毛泽东喜欢在安静的地方看书，不喜欢呆板坐在教室里温习功课。毛宇居先生交代学生在教室里温习课文，任何人不得在教室内随意走动，不准讨论，更不准走出教室玩耍。

这天，毛宇居突然间有事要处理，再三交代学生不准出屋，在屋里背书。他特意走到毛泽东身边，关照说："我最不放心的是你，我刚才说的话听见了？"

毛泽东点点头，大声地回答："听见了。"

毛宇居说："把我说的话重复一遍。"

毛泽东用不太高的声音背道："我最不放心的是你，我刚才说的话听见了？"

毛宇居大声地说："大点声音背一遍。"

毛泽东提高声音又背了一遍。

同学们忍不住偷偷地发笑。

毛宇居嘴角绽出一些笑容，说："我看你的实际行动。"

毛宇居放心地跨出了门，他的背影还没有消失，这边的毛泽东就站起来，望了望同学，说："屋里背书闷死了，我们出去背书吧？"

叫黑皮伢子的小同学调皮说："刚向你大哥保证过，一转身就要出去哪？"

毛泽东说："背书要看效果，屋里背书效果不好，出去背书记得牢有么子不好？"

有同学说："先生知道要打板的。"

毛泽东背起书包，说："你们死背书吧。"

他独自跑到了山坡上，找了一个僻静、空气新鲜的大树下看书。

山坡上有果林，有树林，有草地，有小溪，有各种各样叫着的小鸟，是孩子们玩耍的天堂。

一个时辰过去了，毛泽东背会了课文，还看了《精忠传》几个章回，并摘了半书包毛栗子。回到课堂里，他从书包里掏出

四 吟出一首《吟天井》

毛栗子，送给同学，还给先生留了一份。

毛宇居一回来，同学马上告状，说毛泽东出了门。他拉着脸，责问道："谁叫你到处乱跑？"

毛泽东不软不硬地回了一句："我出去不是为了玩，为了背书，屋里闷死人，死背硬读也记不住。"

毛宇居生气地说："小小年纪学会强词夺理！"

他挺着胸膛说："大哥，想怎么处罚就怎么处罚，罚我背书也行。"

"背书？"毛宇居知道背书难不倒这个"小精灵"，就说，"背书简单了。"

毛宇居夺过他手中的书包，对着大家举起来，抖了抖说："看，这还是书包吗，成了布袋嘛。"他把书包里的毛栗子倒在门外，朝院中央看了看，指着天井说，"你有本事不服先生管教，就以这天井为题，做一首诗来，做不出，我就先打你二十板屁股，再告诉你爹。"

毛泽东来到院中央，绕着天井转了两圈，见井水中有小鱼在游动，又抬头望了望，四周围墙，自己独立中间，像井底之鱼，心中一闪，吟出一首《吟天井》：

天井四四方，周围是高墙。
清清见卵石，小鱼圈中央。
只喝井里水，永远养不长。

少年毛泽东

"哎哟,好诗!"毛宇居心中惊讶,像看见阴云中突然破出的明媚阳光,抑制不住地兴奋,"不得了,百闻不如一见,出口成章,前途无量。"他捋着胡须直点头,亲热得忘了先生的身份。

五　跳出小山村

　　毛泽东有时到离家几华里的李家屋场上，向一个叫李漱清的先生讨教读书。

　　李漱清是湘潭师范和长沙法政专科学校毕业，在韶山李氏族校等学校执教。他博学多才，在交谈时，他见毛泽东常常上天下地，海阔天空，纵横古今；对于国学典籍，能引经据典，信手拈来，妙语连珠。李漱清向毛泽东推荐新书，还帮毛泽东修改作文。毛泽东常向李先生汇报读书心得，请教好多好多问题。一次，李漱清向他推荐了一本叫作《论中国有被列强瓜分之危险》的书，这本册子的开头一句："呜呼！中国其将亡矣！"他了解到日本占领朝鲜、台湾的经过，又了解到对越南、缅甸宗主权丧失的情况，几天心情发闷，忧郁地问："我们中国会不会被瓜分，我们中国太弱，怎么办，有没有办法挽救呢？"有时，他一挥小拳头，说："国家兴亡，匹夫有责。"

　　这天下午，下课很早，毛泽东看到太阳高高地挂在天上，离天黑还很远，背上书包朝唐家圫外婆家跑。

毛泽东常常走牛形山虎歇坪之间的另一条小路。前几天，他借了表兄文运昌一本《盛世危言》。表兄说："俗话说，老虎借猪，秀才借书。我们表兄弟也要来个君子协定，每次借书有借条，还书有便笺。"毛泽东笑着答应了，这当儿，毛泽东想着，凭自己飞快的两腿，不一会就能跑到外婆家，见了表兄，再回来天也不会黑的。毛泽东真有不少心里话想对表兄说，一吐为快。他觉得与表兄在一起时间过得快，眨眼就过去了，有时分别三天像有很长时间，心中念念不忘。在私塾堂里，他觉得没有多少能讲上话的好朋友。什么是好朋友，能玩到一处、说话相投的就是好朋友。

毛泽东与表兄玩得热乎，他告诉表兄认识了一个李先生，是一位有学问的塾师，讲的课与别的塾师不同，他不守旧，除了正常的教学外，还给点读了《纲鉴类纂》《史记》《汉书》，辅导阅读《资治通鉴》《贞观政要》，有时讲的话闻所未闻，振聋发聩，他主张废科举，办新式学堂，学西方技术，富国强兵。

表兄也告诉毛泽东许多新鲜的事情。

太阳高高地悬挂在山间小道的上空。

毛泽东沿着长满杂草的山间小道一直奔跑。翻过韶山龙头山，走上一段路，穿过牛形山虎歇坪之间的一条崎岖的山间小路，爬上一个山肚，就是唐家圫。每次毛泽东走过来，觉得很远，似乎老是走不到头。

这条山道，毛泽东从小随娘不知往返了多少趟。

五 跳出小山村

表兄像是知道毛泽东要来，站在村前一块磨盘般大的石头上，朝远处望着。

老远，表兄望见了毛泽东，兴奋地跳下石头，迎面跑过去，"石三伢子，你终于来了。"

毛泽东抹一把脸上汗水，说："君子一言，驷马难追，说要还书，哪能食言，好借好还。"

表兄拉着毛泽东的手，说："去家里。"

毛泽东说："不去了，就在这里说话吧，我还要趁天黑前赶回家。"

表兄说："你要敢走滑油潭就好了，那要省走不少路。"

毛泽东拍拍胸脯说："滑油潭有什么好怕？我一人迟早会走过。"

"真这样，那你就成武松了。"表兄指了指刚刚站过的石头，说，"到那上面坐下说话。"

两人盘腿坐在石头上，表兄开口问："读了《盛世危言》，有茅塞顿开之感吧。"

毛泽东真情地说："我喜欢这本书，作者以为中国之所以弱，在于缺乏西洋的器械——铁路、电话、电报、轮船。"

表兄迫不及待地说："我赞成，光绪二十一年，江苏布政使臣邓华熙曾将《盛世危言》五卷本推荐给光绪，光绪批示印制两千部，分发给各省抚台、按察使、道台，国内各书坊立即盗版翻刻，达十余万部之多，并成为科举士子的必读参考书籍。"

毛泽东朝远处黛色的群山望一下，说："这应该是中国近代最具震撼力和影响力的一本巨著，郑观应纵论中外形势，比较中西得失，从而得出结论：要取法西方资本主义强国，在多方面进行改革，使中国富强起来，是一本资产阶级改良主义的代表作。"

表兄深深吸了一口气，说："中国的天空乌云太重了，应该有一场电闪雷鸣的大暴雨。"

毛泽东激动地站起身，说："如果真能像书中主张的一样就好了，设议院，办商务，讲农学，兴学校，使上下同心，人尽其才，地尽其利，物畅其流。"

表兄问："上次跟你说的《新民丛报》上文章，现在看了有什么想法？"

"我真喜欢谭嗣同的诗。"毛泽东两眼闪耀出光彩，情不自禁地背诵道，"我自横刀向天笑，去留肝胆两昆仑！"

表兄接着背诵："有心杀贼，无力回天，死得其所，快哉快哉！"

毛泽东说："谭嗣同真有民族英雄气节，可悲的在于他们手中没有刀，没有任何的武装力量。可惜了。"

表兄说："光绪皇帝是假皇帝，在西太后的阴影下过活，表面上拥有天下，事实上没有权力。"

毛泽东说："没想到，在我五岁那会儿，我们中国这么苦难。"

表兄说："中国苦难还在继续，我们泱泱中国经济闭关自守能不落后？ 落后就要贫穷、挨打。"

毛泽东说："思想文化上的落后更可悲……"

两个少年，站在傍晚的晚霞里，一脸忧郁，任凭丝丝凉意的寒风吹拂。 他们心头的爱国烈焰呼呼燃烧着，稚嫩的思想跳出小小的山村，担心着国家民族的安危。 在这思想感情的冰火中，他们窄小的肩膀还担不动这么大、这么重的国家，只能义愤、焦急、忧虑，不时捶胸顿足，痛骂几声……

晚霞如丹。

晚霞似血。

六　全都站在石三伢子一边

　　春节刚过去，空气里还缭绕着爆竹炸过的刺鼻的烟火气息。

　　这天午饭后，毛顺生用一根细柴棒剔完牙缝，掏出山漆烟盒子，打开盖子，三个手指撮了一点烟丝，捻成烟丸子，往烟锅里按了按，用火镰子打了个火，点燃纸媒子，吧哒吧哒抽起来。他对文素勤含着笑说："今年送石三伢子到郭家亭上边阔人家去读书。"

　　文素勤问："那户人家怎么样？"

　　毛顺生说："在当地很有名望，家里有男工做茶饭，女工洗衣服，生活过得好。"

　　文素勤听了高兴，就给儿子说："你爹要送你到郭家亭上边阔人家去读书，这家人在当地很有名望。"

　　毛泽东只是"唔"了一声。

　　上学日子到了，毛泽东挑着书箱、被帐，随毛顺生进入那家私塾。

　　上了几堂课后，毛泽东实在不愿读了，这里塾师和很多地方的塾师一样，只点读而不详解，枯燥无味。

眨眼间，毛泽东盼望的端午节又到了，他早就想能快点离开郭家亭，离开这位浑身上下散发出古书霉味的塾师，快点回到家里。

翻过一座山头，毛泽东看到了家，长长地舒口气，兴奋地大声喊了一句："韶山，我又回来啦——"

喜悦的心情是装不出来的。

毛泽东真的不知道这些日子是怎么熬过来的，甚至都有点不敢去想了。他逢人就讲："不想秀才功名，秀才背了时，一文不值。"

人家都听出来，毛泽东是不愿再去郭家亭私塾读书了。

毛泽东的话刮进了毛顺生的耳朵里，他在儿子面前敲打着说："你要不去上学，那就下来干活。"

毛顺生让毛泽东带着毛泽民上山割些艾草，他去了。

几年了，过端午节都是毛泽东割艾草。他喜欢做这事，把割来的艾草挂在房子的门框上为了避邪，有些艾草交给娘，煮鸡蛋、煮粽子放些进去，芳香满口，令人神清气爽。毛泽东把剩下的艾草编结成绳子，放在家东边的晒谷场上晾晒，留作熏赶蚊子。

毛泽东觉得有了艾草才像过一个浓浓的端午节。

毛泽东家西边的小韶山的松林间，随处都是一丛丛苍绿色的艾草。毛泽民把艾草连根拔起。毛泽东见了，教毛泽民用镰刀割，说留下艾草的根明年还能再生长。

刚从郭家亭私塾回来的毛泽东，站在一丛丛蓬勃的艾草中，看着长得还不算高的艾草，深深吸一口浓烈又清苦的香气，这清苦的香气就像他憋着的心事，在五月的山野里弥漫着。他想：艾草不会负人，把自己最大的能量憋在心底，对外不争高低，而只是求得内心的丰富和强大。

　　我要求得内心的强大！毛泽东抱着艾草，心里热腾腾地想。

　　家家户户忙碌着端午节，腊肉的浓郁香味不断四处飘散。

　　毛顺生的家呈现出一派过节日的气氛，挂在梁头上三坨褐色的腊肉、四五串洁白的笋干闪着幽幽的亮光，几间屋门上都挂着一把把艾草。

　　有几个孩子在池塘南岸嬉戏着喊道："杏儿红，稻苗壮，五月初五是端阳；门插艾，香满堂，大人小孩喜洋洋；粽叶香，包五粮，剥个粽子裹上枣；祈福声，岁太平，全家福安万事顺。"

　　前一天晚上，文素勤泡上一盆糯米，第二天早上起个早，坐下来用芦苇叶包粽子，包成四角形的粽子，随后放在大锅里，和鸡蛋一块煮。粽子和鸡蛋煮好了，文素勤把它们拿出来，放到桌上，催促家里人，说："趁热快吃。"

　　毛顺生忙着铡牛草。毛泽东、毛泽民坐到桌前，拿起粽子，剥开芦苇叶，咬上一口白嫩的糯米，粘糯可口，清香绕腮。

　　好日子过得快。端午节过去了，毛顺生穿上整齐的衣服，提点鱼、肉、盐、蛋，送毛泽东上学。

　　走到离家近三里的关公桥下面的路边一口大塘附近时，毛

六　全都站在石三伢子一边

泽东不愿走大路，专门往田埂上走。毛顺生随追随骂:"你干吗不走大路，要走小路?"

毛泽东还是走小路，毛顺生过去要拉他，毛泽东便跳到田中。毛顺生快步追赶，毛泽东就站到塘基上，大声地说:"你不要来，我走得很方便，大路好走，小路不容易走，我要学学走不好走的路，将来对我有好处。"

毛顺生朝四处一望，田野无人，真怕儿子跳下塘里，有个好歹就糟糕了，叹口气，退让了。

知儿莫如父。毛顺生知道儿子也倔，不能硬逼，他粗中有细，换了一个口气劝毛泽东，说:"你在学堂里念《三字经》，给我背一遍。"

毛泽东嘴里低声背诵着。

"声音大点。"毛顺生喊道，"像蚊子哼哼，听不见。"

毛泽东大声背道:"玉不琢，不成器。人不学，不知义。……"

毛顺生满脸涨得通红，又喊道:"背诵'养不教，父之过。教不严，师之惰。子不学，非所宜。幼不学，老何为'。"

毛泽东一跺脚说:"我就是不喜欢死记硬背……"

"你不背书，不学好，还想干什么……"毛顺生喊过一阵子，一甩手，转过身，气咻咻地回家了。

文素勤见毛顺生来家一脸怒气，问:"怎么了?"

毛顺生没好气地说:"都是你生的好儿子，快把我气死了。起初要去郭家亭上私塾是他愿意的，现在不想去，还故意和我绕圈子。他人大了,我也没说他什么,可他长本事了,不知礼义,跟我犟嘴,让他走大路,他死活要走小路。他有能耐了,眼看着就要翻天,管不住了。"

他上床睡觉了。

这时,毛泽东还站在塘基上,望着一塘清波,心想,未跟爹爹去郭家亭上私塾,他气得不轻,回家肯定要挨打,怎么办?毛泽东一脸愁容,心里怨道:爹爹啊,你为什么总是事事都要让儿子照你的路走呢?我不愿上郭家亭私塾,你未吭声,可你还是带着鸡鱼肉蛋要送我去,让我说什么好呢?爹,你知道儿子心里是怎么想的吗?知道韶山外的世界有多大吗?世界大得很呐,要读的书那是太多太多了,还有比经书更让儿子喜欢的书,《史记·陈涉世家》中说,"嗟乎,燕雀安知鸿鹄之志哉!"说得多好啊,燕雀怎么能知道鸿鹄的远大志向呢,一般的人不知道英雄人物的志向呀。爹,你呆在韶山冲这七亩二分地习惯了,眼中只有鼻尖下的几亩地,几亩山上柴林,贩上几头猪、籴上几升谷米,你一点不知道山外发生的天下大事,不知道石三伢子想读的天下书,想走自己的路,想到韶山外面去看一看……

毛泽东坐在塘基上,有熟悉人看到了,说:"石三伢子,不回家在这里发什么愣?"

毛泽东说:"看塘里的鱼。"

"傻小子,鱼有啥好看的?"那人摇摇头,走了。

毛泽东想回家,怕爹爹担心放不下他,在家守望,可他又害怕回家,遭爹打他。他对自己说,晚点回家。

六　全都站在石三伢子一边

··· 47

文素勤让人找到了毛泽东。毛泽东随着来人到了邻近一家屋里，进门就见娘坐在那里。

文素勤眼里包着泪水，拉着毛泽东坐在膝前，盯住儿子说："石三伢子，你不该这样不懂事，你爹不送你读书了，你只和牛结得伴了。娘为抚养你成人，而你做出这样无礼的事。你的'干娘'和八舅要晓得这事，一定会不高兴，帮着打你的。你想想，谁不望你读书成名，知法明礼，你做出这种傻事，人家都会说娘教育得不好。你辜负了外家的爱护和希望。"

毛泽东委屈说："娘，儿子不是不听话，不是逃学、偷懒，是不想读死书，不喜欢那些不知天下大事，拿着八股文章，张口闭口说之乎者也，讨人敬奉的塾师。"

文素勤说："那你想回家种田了？"

毛泽东说："回家耕田是件好事，不是丑事。"

文素勤抚摸着毛泽东的脸颊，说："娘十月怀胎生了你，指望你将来能有个出息。"

毛泽东说："好男儿志在四方……"

文素勤柔声说："好男儿志在四方是对的，娘没说过你什么。石三伢子，好男儿也是要孝顺爹娘。"

毛泽东眼里有些潮湿，用手抹一把时，泪珠淌进了嘴里，咸咸的，这样苦。他说："我不会忘记爹娘对我的好。"

邻居家人插话说："你爹气得要命，睡了。你跟娘回去吧，你是上学还是回来种田，要自己拿主意，若不想上学，你爹再不送你读书了。"

毛泽东回到家里，不声不响地吃了晚饭。他刚躲进自己的屋里，毛泽民进来了，两人有说有笑的。毛泽民低声说："三哥，爹睡了大半晌的觉。"

"小声点。"毛泽东拿手指了指隔壁房间，示意兄弟说话声音小点。

毛泽民说："你真大胆，敢在爹跟前不去上学。"

毛泽东轻声说："我是鼓着勇气做出来的。"

毛泽民说："我将来也不读死书。"

毛泽东说："不行，你跟我不一样，我读过很多经书，还能背上很多经书，只是不愿死记硬背。"

"噢，知道了。"在毛泽民的眼中兄长是非常了不起的，他有点崇拜他。他表示决心说："如果爹再打你，你要不回家，我给你送东西吃。"

毛泽东摸一下他的脑袋，会心地笑了。

毛泽东不上学了。

第二天清早，毛泽东起了床，悄悄地上山放牛，还捡柴、刈草、收粪。文素勤对毛顺生说："石三伢子做农活好样的。"

毛顺生说："人家都能读的书，他不读，像个先生似的。"

毛泽东在家干活好样的，种地耕田样样拿得起。他晚上读书，声音嘹亮，把有趣的文章、诗词、歌赋向毛泽民朗读讲解，好似一个塾师。毛顺生在一边看了，心里倒也有些许安慰。

毛泽东与毛泽民同练小楷书法，谈白话，唱山歌，讲古代农民英雄陈胜、吴广。他情绪高昂地侃侃而谈："陈胜是有战略思

六　全都站在石三伢子一边

想的农民领袖,他在控制了安徽、河南交界的大片地区后,马上决定进攻战略要地陈县。 陈县在两周和春秋时期,曾是陈国的都城。 战国后期,又曾经是楚国的国都。 秦灭六国后,又把陈县定为郡治,可见它地位之重要,如能拿下陈县,对秦国是个重大打击。 于是,陈胜率领起义军直逼陈县。 这时起义军已拥有战车六七百乘,骑兵一千多人,步卒数万之众。 陈地郡守和县令闻风丧胆,早逃之夭夭,只留下郡丞,负隅顽抗。"

毛泽民听得入神,每当毛泽东讲得歇口气时,就问:"还有呢?"

毛泽东又说:"陈胜打下了陈县,召集当地三老,有点文化和有声望的人共商大计。 他们亲历了秦朝暴政,看到了陈胜率领起义军短短一个月就连克数县,对陈胜十分敬重,纷纷建议陈胜称王。 他们说:'将军您亲自披甲上阵,手拿武器,讨伐残暴无道的秦国,恢复楚国的社稷,论功应当称王。'但也有少数不同议论:认为陈胜自立为王,会让天下人觉得陈胜有私心,而不愿相从。 陈胜思虑再三,最后还是果断地做出了称王立国的决定,就以陈县为都城,'号为张楚',国号为'张楚',建立了中国历史上第一个农民革命政权。 陈胜打的旗号虽是'张楚',但并不以恢复楚国故土为目的,而是要推翻秦王朝,解救天下的穷苦百姓。 这是他'鸿鹄之志'。"

毛顺生听了毛泽东的一些从未听过的"高谈阔论",觉得儿子确实是有了一些学问,教过他的塾师夸赞的话一点不假。 不过,毛顺生想起送毛泽东到郭家亭读书和他闹别扭的事,担心他将来会闹出更大的事来，考虑再三，觉得要给他上规矩。

文素勤放心不下，对丈夫说："你的坏脾气也要改一改，对石三伢子不要动粗了，要好好地说话，他大了，要脸面。"

毛顺生瓮声瓮气说："晓得，我能不知道儿子脾气？"

他请来了房族，想用族规家法来教育儿子。

文素勤怕儿子反感，赌着气不去，叫过毛泽东，耐心地劝说："石三伢子，今天来的都是房族长辈，爹一片苦心，你要听话啊。"

毛泽东连连点头，答应了。

毛氏宗祠在十八罗汉山麓，坐东南朝西北。祠堂门楼檐牙高耸，鱼形龙尾，大门门额上有"毛氏宗祠"四字。大门外两边放着石鼓。两侧对联写着"注经世业，捧檄家声"。里面分三进：第一进上有戏楼；第二进为中厅，是族人议约、祭祀、设宴的地方；第三进为享堂，名"敦本堂"，安放历代祖宗神主牌位。

房族的长辈们陆陆续续来到了毛氏宗祠，走进了中堂。

在中堂里，毛泽东看了看高悬的黑漆匾额，上书"聪听彝训"，左右洁白墙上大书"忠孝、廉节"四字。

中堂里光线不太亮堂，几排长板凳上坐着人，他们嘴里几乎都叼着一杆烟袋，不紧不慢地吸着，喷云吐雾，又辣又呛人，烟雾一团团，飘浮着，像一层灰纱，蒙得里面暗沉沉的，看不清人的脸面。

毛泽东坐在人群里，低着头，想什么事情。他熟悉这里，

六　全都站在石三伢子一边

过年过节时，会来这里看演戏，人家老人在这里过寿辰，也会来凑热闹。每次来这里，他都喜欢看楹联，像永远不会看够似的。这里给他最深的印象是前年发生的一件事情。有个叫毛承文的农民，是一个老实人，正直，好打抱不平，还敢于与地主对着干。他得罪了地主，地主给了族长一些好处，族长"鸡蛋里剔骨头"，用族长的名头打压毛承文，说他"破坏族规"，把他五花大绑押进祠堂，准备毒打一顿。毛泽东听说了，愤愤不平，说："族长就能欺负人哪？不行！"他领着几个孩子与穷苦农民一道冲进祠堂，冲着族长大声说："你是毛氏族长，应该要为毛氏族人讲话，要向理不向人……"族长理屈词穷，释放了毛承文。

毛泽东安静地坐在板凳上，两眼仔细地端详、揣摩着中堂内的两副楹联："学毕致尧舜禹文武周孔孟之道乃为真学；人能修君臣父子兄弟朋友之伦实为完人"，"现在之福得于祖宗不可不享享之必报；将来之福贻于子孙不可不培培之必昌"。

中堂里的安静被打破了，毛顺生从嘴里拔出旱烟杆，把烟锅朝鞋底磕了磕，站起身，开口说："各位房族都是看着石三伢子一点一点长大，他不知孝顺，好施小性子，不读正经的书，好读邪书，前几天，我送他去郭家亭上边阔人家去读书，他不去，还和我顶嘴，太无礼无教了。古人说，没有家规，不成方圆。我不会管教，特请前辈以族规家法处理，给石三伢子立个家规，免得以后闹出大事，让韶山的毛家丢脸。"

一时间，中堂里肃静下来。毛泽东左右看看，见没人讲话,站出来,从容地说:"各位长辈,爹送我读书,我不是罢读,也不是逃学、偷懒;我喜欢读的书,也不是歪门邪道的书。我只是不愿读那种死板书,爹不理解孩儿的心情。那些老先生两耳不闻窗外事,一心只读老古董书,不知道天下大事,国土就要被人家瓜分了,还是这种教法。我实在不愿这样学,不如罢读好,种田好。"

起初,房族们脸上有点严肃,悄悄地议论,听了毛泽东的讲话,觉得有道理,对毛顺生的话几乎没有赞成的,好像都站在石三伢子一边。

有的人讲了几句毛泽东不好听的话,马上有人讲话把那声音压下去,"顺生,要顺情顺理,切莫粗言,好儿要培养,十年树木,百年树人。"

有的说:"你家石三伢子,是个不羁之才,品质不凡,见地不错。今后慢慢劝导,再托外家石三伢子舅父多多指点,定会成器的。"

有的说:"石三伢子会读书,读死书没有出息。管儿子要会管,把儿子管得像小绵羊一样,三脚踢不出一个响屁,有什么好?"

大家不谈毛泽东的事了,脸上很轻松,谈谈笑笑,讲起耕牛行情、谷米涨价、县里派捐杂七杂八事情。

毛泽东惊喜地看着房族们,没想到他们还通情达理,对他这个小辈这么好,他们的话句句落到了他心坎上。

有一个长辈要试一下毛泽东学问有多深,抽着烟袋说:"石三伢子满肚子学问，你知道我们毛氏宗祠怎么来的？"

毛泽东望着大家，慎重地说："乾隆六年，毛尔达、毛彝生等前辈们开始倡修宗祠，二十年七月购得毛介人的土地，二十三年开始动工兴建，二十八年建成。它建成时距我们毛氏家族迁来韶山有三百七十多年了。我问长辈们，祠堂的作用是什么，光绪年间的《重修宗祠碑》一开始就说得明白：宗祠乃一族敬宗、收族、敦伦之所，这里所说的'敬宗'，就是礼敬祖宗；'收族'，就是收拢'宗族'；'敦伦'，就是促进教化。"

有一个长辈问："门上的对联'注经世业，捧檄家声'么子意思吗？"

毛泽东说："上、下联各说了一个毛姓的典故。上联说的是汉代鲁之大毛公毛亨、赵之小毛公毛苌先后注解《诗经》的典故，引申说，毛家是以读书为世代之业的，这自然是诗礼传家的书香门第了。下联则是用汉代庐江毛义'奉檄色喜'的典故。汉代承春秋古义，非常讲究士行高洁。毛义家贫，事亲至孝。南阳人张奉慕名拜访，正碰上朝廷任命毛义为县令。当时高贵的士人以官为耻，而毛义却'奉檄色喜'，即捧着任命状喜形于色。因此张奉将毛义视为蝇营狗苟的庸俗之徒，坚决地走了。后来，毛义的母亲去世，毛义辞官回家守孝，朝廷推举贤良，再次征召毛义出外做官，毛义坚辞不就。这下张奉才重新认识了毛义的高洁，感叹地说：当初毛义就官是为了奉养母亲啊。因此'捧檄家声'说的就是以孝道传家。"

听了这话，大家睁大眼睛，惊讶地看着毛泽东。毛顺生也惊呆了。

有的人畅快地吐出一口烟雾，说："不听不知道，一听吓一跳，石三伢子学问太大了，真的不得了……"

有的人一拍大腿，站起来说："祖上的事，石三伢子全知道，知根知底，这是天大的孝顺。"

毛顺生憋着气，朝儿子摆了摆手，让他回家去。

七　在"石干娘"面前发个誓

文素勤带着毛泽东要拜"石干娘",让儿子发誓听话。

毛顺生不太信佛,冲着文素勤嘀咕一句:"烧香拜佛能管吗?"

毛泽东听娘话,从小到大常跟着去烧香。他记得,自己生病了,娘会到离家不远的一座佛殿,烧香拜佛,还会用香灰给他治病。

毛泽东家里堂屋内的黑色木桌上,有一座青铜佛像,他常看到娘祭拜。他还用懵懂的眼光盯着门口两旁写着的"家庭和睦、孝顺虔诚"的对联。

文素勤常给毛泽东讲,生他前一天,晚上做了一个梦:

春节马上要来了,一天,她把堂屋桌椅板凳擦洗得干干净净,在楠竹竿梢头上绑上扫帚,把屋顶上的玻璃天窗扫得干净明亮。毛顺生惊讶地问:"你扫的?"

文素勤脸上全是笑,点点头。

毛顺生咂了咂嘴,说:"行啊,天窗这么高也扫得透亮。"

文素勤把堂屋桌上的神龛擦了一遍又一遍,在神龛面前摆上酒肴供果,点燃一炷香,双膝跪地,两手合十,神情庄重地磕了三个头。猛然,她见神龛上缠着一条磨盘般大的蛇,身粗如碗口,身长似扁担,瞳孔之中,放出澄澈的光芒。它仰首翘尾,双目圆睁,尖爪锋利,在桐油灯光的照耀下,黑白相间的身子发着金灿灿的光芒,屋里被照得明光炫耀,没有一处暗晦……

毛泽东稚嫩地问:"我是那条蛇,好吗?"

文素勤说:"好、好,相术说你是土龙,前途远大,遇山开路,见河架桥,逢凶化吉。"

毛泽东摇着娘的手,问:"真的吗?"

文素勤说:"是的,你在娘肚子里就定下来的,不管是猪还是羊,不管喜欢还是不喜欢,都要跟着你一辈子,你看,娘年纪这么大了,也没忘了属相。"

这次,文素勤给毛泽东洗了头,把小辫子扎得撅起多高,带着毛泽东到唐家圫石观音庙拜"干娘"。

日头当空,热烘烘地照着。文素勤带着毛泽东走在山间小路上,热得身上直流汗。毛泽东把手中的草帽递给娘,说:"你戴草帽,挡挡日头。"

文素勤说:"你戴上,看你热的样子。"

"我一点不热,正好受。"毛泽东故意脱下草鞋,光着脚板在

七 在"石干娘"面前发个誓

发烫的碎石路上奔跑。

文素勤说:"你把草鞋穿上。"

毛泽东用力甩动两手,不听,说:"古人说,艰难困苦,玉汝于成。这话的意思是,吃得苦、艰苦奋斗者,一定能事业成功。我现在要锻炼自己,将来才能干大事。"

文素勤用手掠一下耳边的头发,说:"娘知道,嚼得草根,百事做得,人的本领要靠吃苦耐劳才能得到。"

"是的、是的。"毛泽东又惊又喜,细细品了品娘说的话,"嚼得草根,百事做得。"

文素勤又说:"你这样锻炼身体能受得了吗?"

"受得了。"毛泽东脸上全是汗水,像一条条又粗又长的虫子不停地朝下爬动,他大声地说,"孟子曰:'天将降大任于斯人也,必先苦其心志,劳其筋骨,饿其体肤,空乏其身,行弗乱其所为,所以动心忍性,曾益其所不能。'"

文素勤眼里全是满满的欢喜和疼爱,说:"石三伢子大了,懂的事多了,娘说不过你了。"

到了唐家圫石观音庙,文素勤给观音菩萨摆上白面馍,点上几根香,就要带着毛泽东跪下磕头。她说:"在干娘前许个愿,发个誓,今后要听你爹的话,不许再惹他生气。"

毛泽东不情愿,甩了下胳膊。

文素勤嗔道:"石三伢子,怎么陡地不听娘的话?"

文素勤哪儿想到,十三岁的石三伢子懂得了不少事,看着佛像,他心想,都说烧香拜佛能得到佛的保佑,可是,我爹就不信嘛，也没见有病有灾，下田干活身上都是力气，做的生意也比那些烧香拜佛的人都要顺当。

佛像前摆着一堆堆白面馍，淡蓝色的香烟在毛泽东面前缭绕，他心里闷闷地想，这些供品摆在这里很多很多天，拜佛如果灵验……

想着想着，他心一横，头一昂，对娘说："我不跪，我到外面等你。"

文素勤慌忙说："小孩子不许乱说话。"

毛泽东说："我没故意惹爹生气……"

文素勤说："石三伢子，干娘在看着你呐。"

毛泽东头也不回，跑出去了。

文素勤拜了佛，走出来，说："石三伢子，你大了，学会气娘了。"

"我没有气娘。"毛泽东满脸真情，像背书一样不歇气说，"我对娘发誓，今后一定听爹的话，不让爹受气，若违背誓言，天……"

文素勤伸手捂住毛泽东的嘴巴，生怕说出什么不吉利的话。

文素勤的话，毛泽东字字句句听在心里。

毛泽东白天和爹爹一块下田干活。过了春分，扶犁翻地，朝田里灌水，平整秧田，准备栽秧。栽秧了，毛泽东又担秧苗，又栽秧苗，累得腰酸背痛。他栽秧苗手快，横竖整齐、均匀。毛顺生从田里回家时，常常不忘带回一些野菜，让文素勤做一碟美味。稻谷熟了,金黄黄、沉甸甸的一片,毛泽东很惊喜,觉得流下的汗水值了,有了回报。割水稻了,他比爹爹起得早,把家里的一把把镰刀磨得锋芒闪亮,整齐地排在门口。爹爹看了,满意地点了点头。毛泽东割稻谷很快,一割就是一大片,割得整齐、均匀、干净;割了一大片,他随手捆好,立在田里。爹爹难得地夸赞了儿子,"唔,像回事情。"他捉了几只蚱蜢,点着一把稻草,放在火上燎了燎,给儿子吃,算是犒赏。

白天干活再累,晚间,毛泽东也要读书。他的房间与爹娘的房间只隔着一扇门,房间里闪耀着暗淡的光亮,他俯身坐在桌前聚精会神地读书,那些"四书五经"类的书早已读熟,《三国》《水浒》《说唐》类的书也都快翻破了。韶山冲并不多的读书人的书差不多都让他借来读了。他什么书都看,连《毛氏族谱》、和尚的经书都借来看。村子里的书不够他读的,他就跑到相邻的村子借书读,读光了,又跑到外婆家去借,向舅舅、表兄们借书。屋子里燠热,他光着脊梁,汗流满面,不时拿起毛巾擦汗。文素勤推门想进来,让他到外面透口气,他也不开门。文素勤恳求地说:"不能这样拼着命读书,熬垮了身子什么事做不了。"

毛泽东回答:"知道,不碍事。"

他紧凑在灯火前读书,常常一不小心让火苗燎糊了额头上的一绺头发。读书到深夜,一根灯捻子不够用,要用上两根。毛顺生看见了,心疼多耗了桐油,喊道:"吹灯睡觉,这样亮灯,要赔多少桐油。"

文素勤呵护着毛泽东,用手轻轻地搓揉着儿子被火苗燎糊的头发,说:"石三伢子用功读书有什么不好,小抠门也不能抠到儿子身上啊。"

毛泽东与爹爹"斗智",毛顺生不是怕他读书多耗了桐油吗,他就向娘要了一块布,蒙在门上,不让爹看见光亮。几次夜间,爹爹到毛泽东门前查看,眼睛透过门缝朝里使劲地瞅,乌漆墨黑,什么也看不见,他才放心回去睡下。

毛顺生每天早上安排毛泽东一整天要干的农活,毛泽东手脚勤快,抓紧干了活,要读上一会书。这天,给牛放了吃的草,喂了水后,毛泽东倒在放稻草的楼上看书。毛顺生看见儿子不做事,抓了扫把就去打儿子。毛泽东从楼上一溜下来,跑了。他气嘟嘟说:"你要我做的事做完了,看点书没犯法,你要打我有么子道理吗?"

毛顺生见儿子不干活还满口理由,举起扫把又追打。文素勤看见,跑了出来,"算了,算了,父子俩这样打骂好看吗?"

毛泽东昂着头说:"娘,这不怪我,我没有违背答应过你的话。"

文素勤故意支开儿子,说:"石三伢子,快给我扯几根大葱来。"

这样,毛顺生才算息了火气。

毛顺生又要教毛泽东、毛泽民练习珠算,给家里记账。开始是在屋里练珠算,常常练得要给油灯换上一回桐油,毛泽东不时打哈欠才吹灯睡觉。 文素勤心疼儿子，说："石三伢子困了，让他上床睡觉吧，他年龄小，身子嫩，熬夜受不住，不要指望一夜就学会打算盘，牛吃的草再好一夜长不了几两膘。"

毛顺生朝妻子翻一下眼皮，"石三伢子还小吗？ 我也是十几岁出去当兵的。 现在家里进进出出这么多账，他不趁小时学算盘来记账，还要到娶妻生子时啊？"

文素勤不吱声了。

毛顺生见毛泽东、毛泽民在晚间练习珠算，常常要到深夜，多耗掉一小瓶桐油，心疼得发揪，觉得可惜，暗暗嘀咕，卖多少谷米才能换回一小瓶桐油。 他见外面月光好，在门口摆上一张小桌，放上两个算盘，让毛泽东、毛泽民练习珠算。

文素勤说："月光不太清楚，能看见打算盘吗？"

月光下，毛顺生伸出黑乎乎的巴掌，让月色在手背、指缝间随意荡来漾去，他说："看看，一清二楚，有什么样的算盘不能学？"

夜晚，天气燥热，阵阵的蟋蟀鸣叫声打破了山村的寂静。

毛顺生手把手教两个儿子练珠算，他念念有词："写得一手好字，打得一手好算盘，一辈子吃喝不用愁。"

毛泽东心里笑了， 爹一辈子只是相信"吃不穷，用不穷，人无算计一世穷"。

毛顺生算盘珠拨得"劈啪"作响，清脆的声音在夜色中传出很远。 他不无骄傲地对儿子说："你会背经文，还真不如会打一手好算盘。"

毛顺生打算盘，一手打一个，两个算盘一次清。在算盘上，他拇指和食指配合得那么默契、灵活，上下翻飞，忽地松动，忽地收起；他一边打，一边记，几乎眼睛不看算盘，上上下下，左左右右，噼里啪啦，犹如玩耍一般，让两个儿子看得眼花缭乱、目不暇接。

毛顺生拨动着算盘珠，说："打算盘要用好力气，算珠要拨到位，不能用力过重，也不能太轻，在拨珠的时候，最好可以听到拨珠的声音。"

毛泽东拿过算盘，试了试，拨了一下珠子，没有听到声音。毛顺生轻轻地打了一下他的手，说："都说你聪明，拨弄算珠都不会，还不如爹啊？"

毛顺生接着教算盘，不厌其烦地说："要注意手指离开盘面距离要小，拨珠要连贯，做到指不离档，这样的拨珠看起来会便当。"

"要看准算珠再拨，不要重复拨动算珠。"毛顺生握着毛泽民的手，教他拨算珠，轻轻念着珠算口诀，"一上一、一下五去四、一去九进一、二上二……"

月亮的清辉洒落在毛顺生的家院里，像铺了一层水银，洁白如霜。

毛泽东借着月光，端详起爹爹。月光里的爹爹，脸上清瘦却有精神，目光中透着一种睿智，看着他教泽民打算盘的神情，那一种投入，那一种慈祥，只有爹爹才会有这样的认真和深情。看到泽民算珠拨得好，爹爹脸上闪耀着满足和欣慰。毛泽东看着爹爹的脸，有一种好亲切、好亲爱、好熟悉的感觉，刹那间，一种愧疚、感激的情感涌上心头：爹娘对儿女的爱是最无私最真诚的，爹娘的养育之恩感激不完，爹爹操持一家人多么不容易，他一心想把儿子拉扯成为像他一样精明强干的种田人，继承他的家业，可他这个长子没有满足爹爹的心愿，惹得他常常动气……

月光如水，暗香飘逸。

毛顺生对儿子的要求，是要他们像他一样做人、做事，这使毛泽东干活更加勤快，记账也更细了，免得被爹爹找到把柄生气发火。

晚间，要上床睡觉的光景，成了毛泽东、毛泽民一天中最快活的时光。毛泽民到毛泽东房间里，不是央求三哥讲故事，就是缠着要听三哥吟诗。

一天，毛泽东忽然想到，他读的不少小说书里有一点很特别，主要人物都是武将、文官、书生，没有一个农民做主人公，他十分不满意，也想不通。他说，《水浒》中的主人公是宋江，他是押司出身，是个书生、文官；《三国演义》中的主人公是刘备、诸葛亮，刘备是官宦家庭出身，诸葛亮是个书生、文官。他愤愤不平，农民占中国绝大部分人口，小说中的主人公应该有农民。他又发现小说中颂扬的都是人民的统治者，这些人是不需种田的，因为土地归他们所有和掌握。他想起自己平日下田辛勤干活，"夏天一身汗，雨天一身泥"，有了触动，对毛泽民说，我作一首杂言诗《耕田乐》：

"耕田乐,
天天有事做。
近冲一墩田,
近水在墩望,
多年副产积满仓。
农事毕,
读书甚馨香,
坐待时机自主张。"

八　衙门不是老百姓来的地方

毛顺生家里发生了一件大事。

他家山头上一块不大的柴林硬是被人家占有了。这座柴林是毛顺生的祖父毛祖人传下来的。毛祖人一辈子务农，从来没读过书，家境贫寒，每天起早贪黑，靠种田、砍柴和出卖劳力来维持一家人的吃穿用。由于生活所迫，他不得已靠借债购买田产耕种，债务愈背愈重，到毛顺生的爹时，家境已经贫苦得无法偿清债务，不得不将一部分田产典当出去。柴林也就这样典当出去。毛顺生有了一些钱，又收回些田产，其中有柴林。

这是一座不大的山头，长着杂七杂八的树木，高一点粗一点的树不是太多，几乎全是小树。有的小树枝上挂着没有成熟的果实，颜色还都是青的，清纯漂亮；杂草上开放着一串一串的野花，十分惊艳，夺人眼球。

这是一个上午，文素勤让毛泽民到自家山林里捡柴火，毛泽民刚进山林，见乡邻的郑家小孩也在这里捡拾干草枯枝。他冲上去，不客气地说："你怎么到我家山林里拣柴火？不许拣，出去。"

哪料，郑家小孩倒打一钉耙子，瞪着眼说："谁说是你家柴林，是我家的，你滚出去！"

毛泽民不肯让步，大喊："你是不是弄错了，这一直是我家的柴林。"

"哼，我家的。"郑家小孩歪着头，振振有词地说，"前几年被你家占去的。"

"不对。"毛泽民堵在他面前，指着柴林说，"我家祖上就在这里拣柴火，你快出去！"

"你快出去！"郑家小孩情绪激动，推搡着毛泽民。

毛泽民冲到郑家小孩捡拾堆放好的柴枝前，三把两把扯掉柴堆，喊道："我家的柴林，不许你拣走一根柴枝。"

"我家的柴林，就要拣，你管不着。"郑家小孩把被毛泽民扯掉的柴枝又抱到一起。

毛泽民抬起脚踢翻柴堆。

郑家小孩推了一下他，毛泽民也推他一下。郑家小孩抱起柴枝要离开，毛泽民扑上前，扯下他怀里的柴枝。郑家小孩不分青红皂白抬手扯着他的头发，毛泽民反过手也扯着他的头发。两人滚到地上，郑家小孩捶打他的后背，毛泽民扯他的裤裆。郑家小孩被打得鼻子里流血，毛泽民的额头被碰得破了皮，渗出血珠。

两个人都打累了，坐起来。毛泽民对他说："看你还敢不敢动我家的柴林！"

八　衙门不是老百姓来的地方

郑家小孩弄得脸上全是斑斑驳驳的鼻血，他哭了，"你个大坏蛋，不要脸，专门讲歪理……"

毛泽民用树叶捂住额头上的伤口，说："贼喊捉贼，偷人家柴枝才是大坏蛋，不讲理……"

郑家小孩说："你长得像大坏蛋、大土匪！"

毛泽民拿手指着他，气狠狠地说："我都不骂你了，你还骂我呀……"

"就骂你，就骂你……"郑家小孩撒泼无赖。

毛泽民厉声说："你再骂一句看看，别怪我拧你耳朵。"

郑家小孩不买账，讪讪地骂道："你长得就像大坏蛋、大土匪！"

毛泽民个头比他高出一点，拉住他，两手稍稍用力，就扳倒了他，骑在身上，拧着他一只耳朵，说："你还骂人不骂人……"

郑家小孩两脚乱蹬，哭喊着："娘啊——毛家打人啦——"

毛泽民拽着他的耳朵，"你还会喊叫啊，今天给你长长记性。"

郑家小孩杀猪一般嚎啕大哭，"你等着，我回家告诉爹。"

晌午，毛顺生家门口"热闹"了。

郑家人围在毛顺生家门口，郑家小孩的爹带着儿子，满脸愠色，喊道："你家儿子把我家小子打成这样，咋办？"

"我家儿子也被你儿子打了。"毛顺生拉过来毛泽民说，"你看看，头上、嘴上全破了。"

郑家小孩的爹气鼓鼓说:"我儿子哪能是你儿子对手,看你儿子多高的个子。"

文素勤脸上带笑,插话道:"小孩事情,没真没假的,我们两家大人千万不要伤和气。"

郑家小孩的爹激动地摇晃着长脖子,说:"怎能不伤感情?你说吧,那柴林是你家还是我家的?"

毛顺生有板有眼说:"这还用说吗,祖上就是我毛家的。"

"放屁!"郑家小孩的爹脖子一梗,喊道,"你家祖父卖给我家的。"

毛顺生说:"你怎能这样说,我祖上是卖给你家,我几年前不是赎回来了嘛。"

郑家小孩的爹说:"白纸黑字写得明明白白,还你时间没到,你给的那点银子也不够赎回的……"

毛顺生动了气:"我们两家不是说好的吗,过两年还完银子,怎能说变就变呢?"

郑家小孩的爹说:"给你家气的,今后你毛家人不准上我家柴林里,不信的话,看着,我见一个打一个!"

毛顺生一跺脚,"你敢打看看!"

郑家人离开了,毛顺生吹胡瞪眼就要打毛泽民,嫌他惹来了横祸。文素勤拉住丈夫,不让打儿子,说:"不能怪儿子,你有气不能找儿子煞恨,看不出来吗,姓郑的早就盘算我家柴林了。"

毛顺生飞起一脚踢飞旁边的小板凳,说:"我眼也没瞎,能

八 衙门不是老百姓来的地方

看不到？"

"那你拿打小孩煞气么子啊？"文素勤气呼呼地白他一眼。

毛顺生闷气难消，重重地坐下来，没吭气。

天黑了下来，文素勤带上一些土产品，拉着丈夫要去郑家赔个不是。毛顺生手一抢，说："不去，明明是我家柴林，他抢占了，凭么子给他赔礼？不去。"

文素勤说："你咋这么犟？"

他火气冲上脑门，叫喊："你也不许去，不要当孬种。"

文素勤不急不恼说："好拳不打笑脸，借着小孩打架事，赔个礼，算么子？顺便把柴林事情说了，有么子不好？"

毛泽东帮着腔说话，"娘说得对。"

毛顺生把儿子推到一边，"小孩子插么子话，懂么子！"

毛泽东不服气，"娘说得对，就要听嘛。"

毛顺生抬眼瞅一下文素勤，嘴角动了动，爬起身，登登朝外走。

文素勤没有想到丈夫脑筋会突然来了一个大转弯，要跟她去郑家，一时，她没有反应过来，还愣愣地站着。

毛顺生回过头，说："走哇。"

月光照着毛顺生夫妻朝郑家走去。这儿那儿的人家灯光时暗时明，显得轻柔静美。

月色下的韶山冲除了蛙声回响之外，其他一切是那么沉静和安然，白天的那些纷纷扰扰都溜得无影无踪。

郑家离毛顺生家不远，他家的板门紧紧地关着。毛顺生打门,里面没有声响。毛顺生又打门,喊着:"我是上屋场的毛顺生啊。"

屋里人不冷不热回了话,"睡了。"

文素勤用手抵了抵想掉头离开的丈夫,让他再说话。毛顺生又说:"白天说的话不好听,对不住啊,现在来你家唠唠嗑,打开门行吗?"

"没有么子话好说。"屋里人不太客气。

文素勤的手又抵了抵丈夫。

毛顺生硬着头皮,说:"还生气呀?左邻右舍的,生么子气嘛。"

屋里没有声音了。

毛顺生脾气从来没有这样好,说:"我还站在门口了。"

"你们想干什么?甭烦我!"屋里人响起一句瓮声瓮气的话,随着,一个什么硬东西"哐噹"一声掷到门上。

毛顺生像被人狠狠地扇了两耳光,火气窜了出来,不好听地说:"算什么东西,敬酒不吃吃罚酒,官府上见。"

屋里人讥讽地回一句话,"猫哭老鼠——不安好心。"

回家路上,毛顺生先骂郑家人不是个东西,后来又抱怨文素勤不该让他来,丢尽了面子。文素勤憋着气,没有讲话。

毛顺生和郑家人打官司了,他花了几十块大银,把官司打到了湘潭县衙门。

毛顺生要一个人去湘潭县衙,文素勤不放心,让毛泽东跟着去。毛顺生嫌啰嗦,说:"怕什么,柴林是我家的,有理走遍天

八 衙门不是老百姓来的地方

下，无理寸步难行。"

文素勤心细说："万一有个事情，石三伢子还能帮跑个腿什么……"

毛顺生怀里揣着状纸，带着儿子毛泽东进了湘潭城。

第二天才是上公堂的日子，毛顺生见时间宽敞，带着儿子先到自己常去贩米的宽裕米行。

湘潭城在湘江河西，一条铺砌着窄窄的青石板的老大街沿着湘江河边迤逦，这叫河街，每过一到两里有一个集市，叫作"总"，依次分为一总到十八总。河街有油行、米行和水果杂品行等，多是批发。湘潭城正街，有十里城墙包围，有五个城门对外：小东门、观湘门、通济门、新湘门和瞻岳门。十八总，每总与正街和河街两街平行。正街以零售为主，十一总到十二总大都是药材行和药店，十三总到十四总大都是布店、百货店、酒家，十六、十七总有多家钱庄、金银首饰行。

街上人群来来往往，熙熙攘攘。大街上到处是麻辣飘香，悬挂着腊肉，街两旁都是卖吃的，卖肉包子、香干肉丝、竹筒饭、蒸菜、米粉等等，吃米粉人最多，毛泽东刚在米粉摊前一站，大师傅说："你要么子啰？"

毛顺生要给儿子买上一碗，毛泽东晃晃头，说："不想吃。"

"也好，时间不早了。"毛顺生顺水推舟，他不愿儿子吃零食，乱花钱。他这样做了，又觉得对不起儿子，心里有愧，于是，边走边给他讲米粉的事，像要弥补过失。他说："米粉咋做出来的？米放水里浸泡，再蒸煮、压条，做成丝，这样米粉又

少年毛泽东

软又硬,水煮不会糊汤,干炒不会断。"

毛泽东听着,嘴里不时"噢"一声。

毛顺生不厌其烦地说:"米粉有排米粉、方块米粉、波纹米粉、银丝米粉、湿米粉和干米粉。我们湘潭米粉不像长沙米粉炒码多,不像衡阳鱼粉、常德牛肉粉,粉皮太薄。"

毛泽东听得眼睛发亮,鼻子嗅着米粉的味道,觉得又香又甜,真好闻!

在人群中,毛泽东跟在爹爹身后,两眼东看看,西瞅瞅,看见穿着破旧衣服的大姑娘拣着路上的烟蒂,去掉烟灰,把烟丝捻在一只碗里,看见小妹子提着篮子卖槟榔、小孩子擦着皮鞋……

毛顺生带着儿子到了宽裕米行。

这是一个门面高阔的米行,当街一个曲尺形的柜台,高高的、宽宽的。瘦长个子的老板看到毛顺生来了,马上笑嘻嘻地迎过来。毛泽东又累又乏,进了米行,坐下就不想站起来。

老板端上大碗茶,望了望毛泽东,说:"这是令郎石三伢子吧?"

毛顺生笑了笑,"是的。"

老板边拿旱烟袋给他抽,边说:"令郎其貌不俗,将来可堪大用。"

"托你吉言,还不快谢谢阿公。"毛顺生指点着儿子,推过老板手中的旱烟袋,说,"我有。"

毛泽东比以前懂事多了,知道在外人面前要给爹爹"脸面",爹爹说事不论对不对,都不能硬顶。他站起来,弯下身,

八 衙门不是老百姓来的地方

给老板施了礼。

毛顺生坐下来,掏出旱烟袋,老板拿出自己的烟丸,按进他的烟锅里,点上火。

毛泽东端起大碗茶,仰起脖子,"咕咚咕咚"灌下肚子,轻轻地吁了一口气。

"小乖乖,石三伢子累渴了。"老板又倒上一碗茶。

毛泽东端起茶碗,又一口气灌下肚子。

老板笑道:"慢慢喝,别呛了,喝完再倒。"

毛泽东一连喝了三大碗茶。这是凉茶,又叫凉药茶,湘潭一带夏天干热,人容易中暑发疹、生疮疖痱子,喝了凉茶清热解暑。

老板坐下了,脸几乎靠着毛顺生的脸,说:"今天来湘潭,为柴林打官司?"

毛顺生吐口烟,"嗯"了一声。

老板思索着说:"从你对我说过这事后,我就一直想着,找人打听了。顺生,你有几分打胜把握?"

毛顺生说:"有《大清律例》在,祖上的山地契约都在我身上,理都站在我这边,还怕不赢啊!"

老板脸上肃穆,"大清已颁布了仿照'三权分立'令,一改中国过去的律例合一做法,只能县衙审案,刑讯逼供。"

毛顺生认真听着,生怕漏过任何一句话。

老板说:"世道有点变化,不过,新律例虽下来了,要想在我们这偏僻地方实行,估计还要有几年,一时很难来到。"

少年毛泽东

毛顺生疑惑地说:"天下全是皇帝的,皇帝发的话谁还敢不听?"

老板说:"真能像你所说的一样,什么事全都好办了。"

坐在一边的毛泽东听了,忍不住笑了笑。

老板不紧不慢地说:"这件事不是一句话两句话能说清楚的。顺生,打官司不容易的,如果顺理成章还有什么可说的?怕的是有理无处说,弄不好只能咽下这颗苦果。听到过现在流传的顺口溜了吗?"

"不知道,么子呀?"毛顺生眼中闪出茫然。

老板熟练地背道:

"衙门深似海,弊病大如天。

公堂一点朱,下民一点血。

八字衙门朝南开,有理无钱莫进来。

会做鲊鱼也要盐,会打官司也要钱。

饿死不要做贼,气死不要告状。

穷人打官司,屁股上前。

纸官司,钱道场。"

毛顺生气愤地说:"那没有王法啦?"

毛泽东轻轻地拉下爹爹臂膀,示意听下去。

老板说:"讲个事情,是报纸上登出来的,你一听就明白。嘉庆到道光年间,有一个姓徐的和姓吴的争一个坟山,打了六年

八 衙门不是老百姓来的地方

官司，姓徐的派人到北京来告状，这个家伙为了让朝廷处理官司，就在刑部门口自杀了。 皇帝当回事了，派人下来搞这个案子。 在《大清律例》中有一条明确的东西，叫'控争远年坟山，定例以山地字号亩数及库贮鳞册、完粮印单为凭，那远年旧契和碑谱等项统统不得当作凭据'，意思就是你拿出国家体系内的证据，你自己手里的不行。 但实际上，一审就会发现律例要求的证据全部不足为凭，鱼鳞图册虽然有，跟现在的情况也对不上。 这样怎么断呢？ 是以人命断的，因为姓徐的自杀了，所以他肯定冤枉，然后就把吴姓几个带头打官司的发配当兵去了，终止了诉讼。 这下明白了吧？"

毛顺生说："姓徐的也太孬种了，赔上一条命打一个官司。"

毛泽东接话说："康熙时，山东巡抚徐士林曾说：'大清的律例犹如《本草纲目》这样一部药书，不善于用药的医生会杀人，不善于用律的也一样。'"

老板用惊愕的眼神看了看毛泽东，掩饰不住兴奋，说："顺生，你不得了哇，有这样一个儿子，小小年纪就懂律例。"

毛泽东说："报上这样登的。"

毛顺生不以为然地说："小孩子懂么子。"

老板换了一副口吻，又说："知道吗？ 那郑家的女婿在省里抚台衙门当差，当一点小官，你不要小看这小官，宰相府里五品官，端茶倒水的出了大门，放个屁也能响半边天。 听说郑家的女婿精通律法，这能掀起大浪呀。 听说过'师爷笔法'吗？ 就是读书人耍弄的笔墨游戏，会做翻案文章，你要这么说，他偏要那么说，他能巧舌如簧，妙语连珠，把黑的能说成白的，把没理能说成有理，得到县官的认同。"

毛顺生磕干净烟锅里的烟灰，气得站起来，冰冷而坚硬地说："我不信打不赢他家。"

湘潭县衙八字形正大门上，悬挂着"湘潭县衙"大匾，大门口两边，两只大石狮张牙舞爪的。毛顺生到了县衙门口，看见石狮，心里不禁抖颤一下。毛泽东看出了爹爹在衙门大门口有一点胆怯，就为爹爹壮胆，嘲讽门口石狮说："石狮是块石头，我石三伢子也是石头，谁怕谁？"

毛顺生听了，低下头说："不要犯忌，这是衙门，不是老百姓来的地方，少说话。"

毛泽东无拘无束，说："衙字笔画一共是十四画，衙，衙府也，'行'与'吾'联合起来表示'走在道路正中的，行人须要避让的'。衙有许多叫法，如：衙头，是金人军队的统帅部，衙职是官衙中的职役，衙庭是官署的庭堂，衙堂是官署的大堂，衙里是衙署内，衙子是在衙门中当差的人……"

毛顺生朝他瞪了一眼。

毛泽东轻视地说："蒲松龄在《聊斋志异》中写，'值城隍早衙，喊冤以投'，意思是正当城隍老爷早上坐堂审案的时候，一个人喊冤枉，递上诉状……"

毛顺生又朝他狠狠地瞪了一眼。

"我是背经文，怕什么。"毛泽东依然故我地说，"蒲松龄写一个叫席方平的人，为爹到阴曹地府打官司，伸冤报仇。阎王

八　衙门不是老百姓来的地方

的府衙，把他放火上烤，骨肉烤得焦黑发烂，真是求生不能，求死不得。 阎王问：'你还敢再上诉吗？'席方平说：'大冤未伸，寸心不死，必定上诉……'"

毛顺生站下了，瞪着儿子，说："你少说两句话行不行？ 有话回家再说。"

毛泽东满脸不在乎的神情，"蒲松龄写得多好，他说：'黄金的光芒笼罩地府，使得阎罗殿上，阴森森墨雾弥漫；铜钱的臭气薰染天空，搞得屈死鬼城，错沉沉昼夜难分。 臭钱几个还能驱使鬼役，神通广大竟然左右神明。'"①

毛顺生用吃惊的眼神望了望儿子，他怕人听见，低声说："这不是你背经文地方，口不择言是要吃亏的。"

在大门口，毛泽东被拦下来。 毛顺生郑重地交代说："在外面等我，不要乱走、乱说话。"

"哎。"毛泽东顺口应了一声，他对爹爹独自进大堂内不放心，说，"爹，在当官面前不要怕，他们都像石狮子，假扮威猛……"

毛顺生"哼"了一声，说："我是当兵的出身，见过枪林弹雨，能让我害怕的人还没出生哩。"

毛顺生双手把一张纸顶在头上，那是状纸，大步走进衙门。

毛泽东隔着大门，朝县衙院内看着，里面真大呀，正堂坐北朝南，开阔森严，大堂柱子上有花鸟彩绘，姿态各异，栩栩如

---

① 蒲松龄的原文是文言文。 此处引文作了白话处理。

生。大堂中间悬挂"明镜高悬"金字匾额。

毛泽东担心,爹爹进去会不会害怕呢?

毛顺生进去后,看见三尺法桌放在暖阁内木制的高台上,桌上有文房四宝和令箭筒,桌后放一把太师椅,左边有令箭架,右边有黑折扇;暖阁前左右铺着两块青石,他跪在左边的原告席上,右边跪着姓郑的被告人。他心里没有害怕,反而全是怨气……

太阳从树梢朝上爬,一直爬到中天上,像是被粘住,不动弹了。

毛泽东等呀、等呀,眼睛望酸、望累了,爹爹还是没有出来。他站也不是坐也不是,心里焦急得火烧火燎:爹爹打官司怎样,在当官人面前他敢抬起头来吗?他脾气有时不好,会不会气得和当官人面对面地顶撞?他讲理能讲清楚吗?姓郑的人能说会道,他能讲过他吗?……

终于,毛顺生脸色苍白、气呼呼走了出来。

毛泽东一眼看出,爹爹官司打输了。他什么也没敢问,跟着爹向宽裕米行走去。

毛顺生见了宽裕米行的老板,憋在肚子里的委屈、恼火、不满一股脑儿全部倒了出来,他不干不净地骂道:"这是什么鬼衙门,睁眼说瞎话,良心让狗叼吃了,明明是我的柴林,他判给了姓郑的。"

老板给毛顺生端上大碗茶,他喝了一口,继续说:"真是气死我了,全被你说准了,他家省里来的女婿能说会道,在大堂上

八 衙门不是老百姓来的地方

··· 79

说话一套一套，唾沫星飞多远，简直能把死人说活过来。唉，明明是我告他们，他们睁着眼胡说八道一通，成了他们告我的，有理的变成了没理的，没理的变成了有理的，天下没个公道了。"

老板给自己倒上一碗茶，轻轻地呷了两口，感叹说："意料之中啊，你是吃了没文化的亏。"

"是的，"毛顺生看一眼儿子，赌气般地说，"不能当睁眼大瞎子，还要让石三伢子读书，把柴林夺回来。"

九 "大清王法"坍塌了

毛泽东要到乌龟井毛简臣私塾读书,他开心极了。

这是一九〇九年的夏天。

毛泽东失学种田已经两个多年头了,他白天干活,见缝插针读点书,晚上挑灯夜读,感到辛苦不易,常想念在课堂上读书的好日子。

打官司失败后的一个月,毛泽东正在桐油灯下读书,毛顺生敲开门,对儿子说:"石三伢子,明天到乌龟井去读书,听说先生是从长沙的学堂里回来的,懂得皇上的王法,你跟他好好学,将来不受人欺负,不要像爹,官司打输了,脸也丢了。"

毛泽东早晓得毛简臣这个"法科生",思想比较开明,通晓朝廷的"王法",讲的课全是新东西。

毛泽东兴奋得一夜没有睡好觉,第二天,天刚亮,他就起了床,打点起行李书籍。毛泽民赶过来,说:"时间还早呢。"

毛泽东洗着脸,说:"我真有点等不及了,想马上就去。"

毛泽民说:"真没见过你这么高兴。"

毛泽东点点头,说:"这是我最想去的私塾,先生教书一改旧时死读古书,用自己的所学之长,讲解大清的法律条例,传授衙门诉讼的诀窍……"

毛泽民说:"三哥将来能凭精通律例踏上仕途,兴盛家邦,就是万一不成,至少可以为人打官司了。"

毛泽东说:"我读书不是为了取利禄之实,入仕博名,知道我的真实想法吗? 是要摆脱俗气,了解我不知道的外面的世界,了解我没法到达的很远的地方。"

乌龟井毛简臣私塾位于上韶山冲,离毛泽东家有几里路。

按毛姓辈派论,毛简臣比毛泽东长一辈,毛泽东不仅要尊他为师,还要敬他是阿公。

毛简臣头一次见毛泽东,看他个头比别的学生高出一截,年龄也大出不少,就问:"在我这里读书能耐住性子吗?"

毛泽东说:"能,我喜欢这里。"

毛简臣说:"你是同学中的大哥哥,要做个好带头人,能吗?"

毛泽东说:"能。"

毛简臣讲的第一课让毛泽东震惊、耳目一新。

他讲的是神圣的"王法",让毛泽东想起在湘潭县衙打官司,爹爹脸色苍白、气呼呼从衙门里走出来……毛泽东暗想,都是这"法",让我家的柴林被人家毫无理由地夺走……

毛简臣讲课深入浅出,通俗易懂,他说:"法,刑也。 平之如水,从水;法所以触不直者去之,从去。"

他告诉学生:"法,是传说中的神兽,它形状似牛,独角,亦称'独角兽'。它是正直的化身,被用以判定是非曲直。"

毛简臣顿了顿又接着讲:"至于说到'律',清人段玉裁撰《说文解字注》:'律者,所以范天下之不一而归一,故曰均布也。'律字含提供模式,纠偏止邪,使之齐一、统一之意。由上所述,法和律有公平、正直以及普遍、划一的意思,是国家用来统一人们行为的规范。"

毛简臣引经据典,信手拈来,侃侃而谈,把本来枯燥生涩的法律概念讲得高深而不失流畅,生动而又活泼,特别容易记住。他说:"法律像不可逾越的墙,像不可变更的信条,像一缕阳光照亮黑暗,像一面警钟时时长鸣。"

"汉语中,法律的成语故事顶多。"他打开话匣子,如数家珍说,"如,金科玉律、金科玉条、金科玉臬、弄法舞文、欺公罔法、绳之以法、明正典刑……"

他讲课幽默、风趣,对学生们说:"你们要好好地学法律,你们是法律的孩子。"

学生们听了,开心透了。

有的学生说道:"小孩子可以犯法,犯了法也不会被抓吧?"

毛泽东反驳道:"小孩不能犯法,虽然不会被抓,但会进行教育。"

毛简臣说:"石三伢子说得对,小孩子年龄虽小,也要守法,我们要时时心中有法,知法不犯法,这样才不会犯法。无规矩不成方圆,法律便是我们成为方圆的规矩。"

毛泽东对"法"有一种新奇、猜疑、神秘的感觉,他一定要用手摸摸这"独角兽",看看它是怎样的正直,判定是非曲直。他还想知道乡邻郑姓人家的女婿,怎么就能用"法"的"独角"来巧舌如簧,把死的东西说成活的,巧取豪夺。

课堂上,毛泽东突然举手要发言,打断了先生的讲课。学生们用诧异的眼神望他。

这时,毛简臣平静地说:"石三伢子做得对,同学们有问题都能举手发言。石三伢子,站起来发言。"

毛泽东站起来,平静说:"能把法譬喻成挡风遮雨的房子吗?"

毛简臣走到毛泽东面前,说:"譬喻得非常好,石三伢子动脑筋了,同学们要向他学习。"

毛泽东随即又说:"可惜,现在挡风遮雨的房子已经破得四面漏风,没法遮体了。"

学堂里起了点骚动,同学们瞪大扑闪的眼睛,望着毛简臣。

毛简臣品咂着毛泽东的话,觉得话里有话,说:"说出你的想法。"

毛泽东捋了捋思绪,把爹爹打官司打输的事情说了出来,说:"请问先生,明明是我家占理,怎么变成他家有道理,这是什么王法?"

毛简臣说:"这个问题提得好,要想知道真正的原因,你要好好学习'法',就会弄明白的。"

"噢。"毛泽东应了一声。

毛简臣说:"我问你一个问题,法庭上真正的主人是谁?"

毛泽东说:"法官。"

毛简臣摆摆头,"不是,法官只是法律的侍者,法官只能听从法律的召唤,是法律的侍者。不过,法律是由这个侍者操作的,懂吗? 法庭是所有的人最不想去而有事时不得不去的地方,它又是无助的人最需要依赖的地方。 我想,你爹送你来我这里读书,也正是无助的时候需要找个依赖的地方……"

毛泽东发自内心喜欢毛简臣先生,觉得他是读书以来遇到的最和气的先生。

在毛简臣的私塾里,虽然立了孔夫子的牌位,但这是毛简臣的祖上的意思,他也只好摆个样子,不像那些酸学究,硬要学生们磕头下跪,烧香作揖。 他主张让学生们独立思考,清静无为,不愿管得太死,对于像毛泽东这样年龄大点,自我约束力较强的学生,那是听其自然。 他给学生讲课的时候,是文质彬彬,轻言细语,从来不打人骂人。

毛简臣发觉毛泽东每日里起五更、睡半夜,总是手不释卷。有时,同学们在学堂里有说有笑,他一动不动地读书。 有同学说:"石三伢子,这么吵闹,你能读下去吗?"

"能读下去。"毛泽东随口说了一句话,他翻开书就闯进书本的大门,翻过几页就登堂入室。

有同学说:"你这么读书苦自己干吗呀?"

毛泽东说:"我娘说过,嚼得菜根,百事做得。"

表兄有时会跑来看毛泽东,带来新书。

九 "大清王法"坍塌了

毛简臣偏爱毛泽东这个侄儿，允许他带着表哥到附近走走、看看。

这天傍晚，表兄来了。毛泽东带他到一个山头上看晚霞。天边红彤彤的，像大火烧一样，红得耀眼，霞光变成一条条彩带铺在田野、池塘、农舍上，云蒸霞蔚。

表兄给毛泽东带来了消息，打破了他心头的平静。

原来是长沙发生了"大暴动"，出现"抢米风潮"。

这年，湖南大旱，粮食奇缺，灾民逃荒要饭。一些投机商人、豪绅地主和外国洋行，却乘机囤积粮食，牟取暴利。长沙市南门外有个靠卖水为生的穷人，好不容易积攒了七十六文钱，让妻子到粮店买米，这时米价已涨到七十八文一升，他妻子又回来向邻居借了两文钱，等她再返回粮店时，米价又涨到八十文一升。在绝望中，这个妇女跳进了湘江。她丈夫知道后，拉着几个快要饿死的孩子，也一起投江而死。

这事情，在长沙引起了大震动，灾民们的代表到衙门请求救济。当官的不理不睬，还把灾民代表抓进大牢。灾民们愤怒了，在一夜之间，将城厢碓房堆栈的米，抢劫一空；警兵站岗的哨卡，打毁净尽，还砍断了作为官府象征的朱红旗杆，捣毁了巡抚衙门和一些外国领事馆、教堂、洋行。巡抚衙门下令缉拿"暴乱"的领头者，许多人被砍了头。

表兄还给毛泽东带来《民呼日报》，上面登载着著名漫画家钱病鹤先生创作的一幅漫画，内容是，各国联合龙灯大会，八个国家的侵略者举着被切割成八截的中国龙。表达的主题是：西方八国组成联军侵略中国，掀起瓜分中国狂潮。

两个尚未长大的孩子，对国家前途长吁短叹，感到忧心忡忡，开始想到努力救国是每一个中国人的职责。

当天晚上，毛泽东睡不着觉了，他觉得那些造反被杀的人都像自己家人一样，他们不停地出现在眼前。他穿上衣服，悄悄地走出门，叩响了毛简臣的房门。

夜色里，毛泽东低沉地说："先生，我没法睡觉，找你说说话，行吗？"

"发生了什么事？"毛简臣急促地问。

毛泽东说："知道长沙'抢米风潮'的事吗？"

毛简臣说："听说了。"

毛泽东气愤说："怎么说是大暴动呢，明明是老百姓没有吃被逼成这样，哪还有公平、公正、正义！"

毛简臣点了点头，说："我理解你的心情，我心里也非常沉重。不过，这是国家大事，应当由国家官府去考虑解决。你是一个学生，精力要放在学习上，你说的事情与你的学习有多大关系吗？"

毛泽东说："怎能没有！有的……"

毛简臣说："你是学法的，知道吗，他们的行为已经触犯大清律条，按律将定为'反逆罪'，罪不容赦，当斩。"

毛泽东说："你教育我们说，公正是法律的血液，公平是法律的骨骼，失去他们法律便会死亡。你还说，法律可以是一把火，使人感激和温暖，也可以是一块冰，让人心寒齿冷。现在

九　"大清王法"坍塌了

灾民们被逼无奈，代表们到衙门请求救济合情合理，可衙门不管不问，灾民们愤怒之下造点反，难道有多大的罪，现在叫'暴乱'，砍了领头者头颅，我们的法律还有一点公正的良心吗？不要说是一把火，应该算是一块冰，让人心寒齿冷。"

毛简臣想要解释什么，被毛泽东还要讲的话挡住了。毛泽东带着感情说："我们朝廷的王法是专门为官府、富人制定的，这是极不公正的！它如果'公平'，为什么不去追究那些不管百姓死活、贪赃枉法的官老爷和富商豪绅？"

听了毛泽东的话，毛简臣既为这个远房侄儿的仗义执言、忧国忧民、思想如焰的秉性和情怀感到欣慰，又为他涉世未深、初生牛犊、不知人生道路险恶而担忧。他用关爱的语气，郑重地说："石三伢子，这些话在我跟前说了就算，在外面千万不要乱说，会惹来杀身之祸。"

毛泽东面对他喜欢的先生直言不讳，慷慨陈词，"照我看来，这样不公正的王法，学了有什么用啊！"

毛泽东开始喜欢在傍晚的时候上山看晚霞。

太阳在斜斜地、慢慢地下滑，滑得越快，发出的霞光越火红。

晚霞让毛泽东开心、满足，它像一把大火，把天地烧得一片通红。他真想自己也是一把大火，把韶山冲、长沙和中国的寂寞、沉闷烧毁，把韶山冲、长沙和中国从黑黝黝的寂寞、沉闷中烧得苏醒过来。

又发生了一件大事。

韶山发生了秘密的哥老会成员和本地一个地主之间的冲突。地主有权有势，轻而易举地买通官府，赢了官司。哥老会成员败诉了。他们起来反抗这个地主和官府，他们撤到本地的浏山，筑起了堡垒。官府派官军攻打，地主又散布谣言，说他们揭竿造反时，杀了一个孩子来祭旗。起义军的头领叫彭石匠。他们最后被镇压了，彭石匠被迫逃走，可最后还是被捉住砍了头。

同学们都在谈论这件事，同情造反者，说彭石匠是个大英雄。

一本本至高无上的"大清律"，在毛泽东心中坍塌了，烧毁了，成了一页一页的废纸。毛泽东终于看清：王法是专门向着地主、豪绅、官家和皇帝老子的，他们可以拿它作刀子，任意宰割屠杀像长沙饥民一样的无辜者和像彭石匠那样的英雄好汉，这种不公正的"王法"要它何用？这样有害无用的"王法"学了有什么好处？

当毛简臣问毛泽东《尚书·吕刑》读得怎么样，他不痛不痒地说："没读，没意思。"

毛泽东知道，毛简臣是一片好心，无论是哪位先生，凡是他所教的那门功课，都希望学生能专心致志地学，学有所成。可是，自己确实已对学习"王法"失去兴趣，没有兴趣就不可能刻苦自励，也就不可能学好。

毛简臣心中也有数，韶山发生的"暴动"，让毛泽东又不平

九 "大清王法"坍塌了

静了。说句心里话，毛泽东是怎么想的，他知道，毛泽东的这种想法他在长沙读书时也曾有过，只是他心里的真实想法没有法子告诉一个还正在读书的学生。

毛简臣十分同情走投无路的饥民，也很敬佩彭石匠的英勇无畏。法律，在他心中最神圣，容不得任何邪恶的亵渎；法庭，是世界上最公正的殿堂，天平不允许丝毫的倾斜。面对长沙灾民们的遭遇，面对彭石匠的受害，面对清王朝法律的腐败，他内心深处也自问过，何为正义，又何为公平？他还痛苦地呐喊，如何正义，又如何公平？……公平与正义，这些美丽的词藻，在很多时候，仅仅是贴在朝廷和有权有势的人脸上的招牌，它们不是劳苦大众的守护门神……大清王朝的法庭，是一个离天堂和地狱一样近的地方……尽管这样，毛简臣还是认为法律是一个专门学科，有其深厚的渊源和较高的学术价值。他想，像毛泽东这样的山村农家孩子，学一点法律，懂一些诉讼之道，只有好处没有坏处。

他心里隐隐地担忧，毛泽东曾无意中流露过不想学大清律条的想法，觉得丢了可惜。他想帮帮毛泽东。

这天傍晚，毛泽东拿着一本书，正要上山看晚霞。毛简臣手里拿着一本线装书，来到他的学生身边，说："我们一块去欣赏晚霞？"

毛泽东默默地点点头。

他们边走边聊。毛简臣关切地问："石三伢子，你在读什么书呀？"

毛泽东把书递给先生。

"噢，是《史记》。你在读历史？"毛简臣看了书名后，把书又还给毛泽东。

毛泽东知道毛简臣为什么要与自己一块看晚霞，要聊什么话。他怕愧对这个随和的先生，平时读一些喜欢的书，幸亏先生给了不少关照，但是，现在先生要过问自己的学习，我怎么交代？思量来，思量去，毛泽东觉得还是把自己的心事对先生说出来的好。他望着毛简臣，坦诚地说："先生，我不想学王法了！"

"为什么呢？"毛简臣听了，稍有点惊异。

"阿公，长沙饥民暴动事情还没有了结，我们身边又发生了彭石匠的事。"毛泽东答非所问地反问，"公正严明的大清王法为什么不依法惩处那些鱼肉百姓、草菅人命的官家，不保护那些善良可怜的穷人，还要对他们治以重罪，处以极刑？这哪里有'公平''正直'可言？"

毛简臣点了点头，说："你的这些想法我个人以为是好的。但是，不能把大清律条与法学、法制史等同起来看，法律作为一种学问还是值得一学的。你近来读史不知注意到了没有，历代史书上对法律可是有不少记述啊。"

毛泽东叹口气，说："是的，有史即有法嘛，可当法失去了'公平'和'正直'，就等于没法。"

毛简臣停顿了许久之后，拍着毛泽东肩膀，语重心长地说："石三伢子，我跟你说这么多的话是为你好，希望你不要因长沙饥民和彭石匠的事太难过，影响了你的学业和前程，辜负你爹对你的期望。你是一只羽毛未丰的小鸟，需要慢慢成长，成为一只能腾飞的鲲鹏，做上一个好清官，为黎民百姓撑腰做主，造福于民，为人称赞，光宗耀祖，这才是我们读书人要追求的出路啊！"

天西边的晚霞燃烧成了一片火，照红了远近的山头、树木、池塘，也照红了毛泽东的脸。

毛泽东心中激起了万丈冲天的浪花。正是从这个时候起，少年毛泽东开始产生了一种朦朦胧胧的阶级对立的想法，那倔强的性格和反抗意识得到了质的升华，把反叛的焦点由爹、先生和韶山的土豪投向整个社会，他知道，不反抗便没有劳苦大众的生路！

十　见到了彭石匠

一九一〇年的旧历年到了。

毛泽东在做了一个噩梦后，暗暗下决心，要实现自己的"计划"，离开乌龟井，到东茅塘读书。

毛泽东做了一个长长的梦，在梦中，他见到了陈胜、吴广、彭石匠。

在梦中，天上哗哗下着大雨，两个地方官，押着浩浩荡荡的民夫到渔阳去防守。雨越下越大，道路泥泞不堪，陈胜找吴广商量说："已经误了到达规定地方的期限，如今逃走也是死，不如反了，起义干一番大事业再死。"

于是，他们用朱砂在一块白绸子上写了"陈胜王"三个字，塞进别人用网捕来的鱼肚子里。当兵的买鱼回来煮着吃，发现了鱼肚中的帛书，觉得是老天爷的意思，天下要变了，陈胜要做王了。陈胜又暗中派吴广到驻地附近一个草木丛生的古庙里，在夜里点燃起篝火，模仿狐狸的声音叫喊道："大楚兴，陈胜王。"

民夫和官兵议论纷纷,都指指点点地看着陈胜。

陈胜、吴广杀死了两个地方官,随即召集属下号召说:"各位在这里遇上大雨,大家都误了期限,误期按规定要杀头。即使不被杀头,但将来戍边死去的肯定也得十之六七。再说大丈夫不死便罢,要死就要名扬后世,王侯将相难道都是祖传的吗!"

大家听了都异口同声地说:"反了吧!"

陈胜任命自己做将军,吴广做都尉。首先进攻大泽乡,攻克后又攻打蕲县。蕲县攻克后,又进攻铚、酂、苦、柘、谯几个地方。队伍越来越壮大。

这时,韶山冲的彭石匠跑来了,他与陈胜悄悄嘀咕儿句话,队伍扛着长矛、棍棒,就向韶山冲来了。

彭石匠看见了站在乌龟井私塾门外的毛泽东,向他挥了挥手,毛泽东也向他挥了挥手。毛简臣告诉毛泽东说,这人就是彭石匠。

韶山冲里出现了"吃大户"、闹祠堂的反抗行动。毛氏族长在震公祠里囤积了好多好多稻谷,打算趁米价正涨的机会,把粮食运到湘潭和长沙赚大钱。一个佃农领头,要求开仓平粜,被族长命令亲信打手打得他皮开肉绽,遍体鳞伤。

陈胜、彭石匠抓起毛氏族长,五花大绑,让他跪下来认罪。陈胜、彭石匠带着队伍上了浏山,在那里用石头筑起了一个个堡垒。官府派官军攻打浏山,陈胜、彭石匠力大无比,官军几个人合力打不过他们一个人。彭石匠身上溅满了官军的血迹,他一边喊着一边砍杀官军。官军越来越多,攻上了山。陈胜、彭石匠被官军抓住了,他们戴着枷锁,走上刑场。陈胜面无表情,彭石匠脸上含着笑。

毛泽东对毛简臣忧愤地说:"不该杀彭石匠,他是一个正直善良的种田人,他的所作所为都是为了老百姓。"

毛简臣说:"我也很敬佩陈胜、彭石匠的武勇,但作为一个法科生,我觉得他们的行为已经触犯大清律条,按律将定为'叛逆罪',罪不容赦,当斩不饶。"

毛泽东说:"你平时善良待人,嫉恶如仇,现在为什么这样对待彭石匠……"

毛简臣说:"他们是政治犯罪,这是中国历史上最为古老的罪名之一,它几乎和国家、法律一起与生俱来,历代统治者将其视为'常赦所不原'的大罪,并施行最严酷的刑罚。"

毛泽东的内心像开了锅的水,沸腾、翻滚不已。

……

刽子手举起的大刀快要砍到彭石匠脖子的时候,毛泽东被惊出一身冷汗,醒了。

这一夜,他几乎没有再睡觉,眼前不停地浮现出长沙那个饥饿的妇女和丈夫、孩子跳下湘江,陈胜、彭石匠浑身是血,戴着枷锁,走上刑场……

他终于下定了退学的决心。他听说东茅塘的阿公办了学堂,冲里不少人到东茅塘上学,他心里痒痒的,很想到阿公门下去进修。

十 见到了彭石匠

毛泽东白天照常上课。有时回家，毛顺生会问："先生对你好吗？"

他回答："很好。"

毛顺生会说："亲不亲一家人。"

毛泽东等待着从乌龟井私塾退学的时机。

退学的事并不那么简单，半年缴纳一次学费，钱交付给先生之后，学生如果自己原因不能上学，先生概不退还。毛泽东的父亲毛顺生是个精打细算、勤俭持家的人，他绝不会答应儿子花冤枉钱而不读书。毛泽东知道爹爹这一点，他还指望儿子跟毛简臣先生好好学习"王法"，将来好走仕途，使门楣增辉。毛泽东没有对他爹爹透露一点风声。

转眼间，过完"月半"，毛泽东觉得不能再等待，该对爹爹说实话了。他学会"对付"爹爹了。在家里，一人顶上两人干活；爹爹正要干的事，他眼尖手快，抢上前干了。毛顺生看了，心里欢喜，对文素勤说："石三伢子大了，懂事了。"

文素勤眼里汪着笑，"你今后坐等着享福吧。"

这天，毛泽东帮爹爹铡完一堆牛草，毛顺生说："石三伢子，累了，歇歇吧。"

毛泽东递给爹爹洗脸巾，让他擦一把汗水，商量说："爹，我在法科生先生那里读了半年，操练了一点本事；要是再跟'秀才阿公'去补一补课，将来出去搞事，就越发靠得住了。"

毛顺生望了望儿子，没吭声。

毛泽东有点蒙了，不知爹爹是怎么想的。

毛顺生最敬重东茅塘毛麓钟这个堂兄弟,他人品和学识在韶山冲是数一数二的。 他想,儿子如果能拜师他的门下,也是个难得的求学机会。 他知道,儿子小时的偶像就是阿公毛麓钟,长大做一个文武兼备而受人敬重的人。 毛泽东小时,有时调皮捣蛋,学习不肯用功,他就常拿这位阿公作榜样,来教训儿子,指望他能像阿公那样专心攻读,将来学有所成。 现在儿子大了,一般的先生管束不住他,他最服他"秀才"阿公,放在这位严师手下,家里也放心。

于是,他发话,"好吧,先去读半年,看看吧!"

毛泽东一见爹爹答应了,欢天喜地,觉得头顶上的天从来没有这么湛蓝过、深邃过……

毛麓钟的私塾设在东茅塘的面山楼。

毛麓钟一见毛泽东,就说:"你是石三伢子吧? 几年没见,长成大人了。"

毛泽东在自己尊重的阿公毛麓钟面前有些拘谨,说:"阿公好。"

毛麓钟故意地问:"你是真心来我这里读书的?"

毛泽东正经地说:"我是真心来读书的。"

"好,"毛麓钟满意地点点头,说"我知道你,聪明好学,年龄不大就会背《三字经》《诗经》,还会写诗;你石三伢子也是个'调皮王',把先生都气跑过。"

毛泽东老实地说:"我那时年龄小,有点淘气。"

毛麓钟调侃:"到这里会不会把我气跑啊?"

十 见到了彭石匠

"不敢。"毛泽东有些不好意思,"你是我佩服的人,也是我学习的人。"

毛麓钟给毛泽东他们上了别开生面的第一课。

"人,为何而活着?"毛麓钟开门见山,直接切题,向学生发问。

同学们一时都未想明白,你望我、我望你。

毛麓钟没有等学生回答,接着讲:"我总在想,一个人到世界上来走一趟,是为了什么呢? 难道就是为了吃穿二字? 就是为了成家立业? 为了妻儿老小?"

同学们对毛麓钟的讲话,还是弄不清楚,眼睛瞪着他的嘴巴。

毛麓钟望着毛泽东,说:"石三伢子,你说。"

毛泽东站起来,流利地说:"《水浒》《三国演义》《岳飞传》,还有史书里,那些忠臣义士、英雄豪杰,都是十分了不起的风流人物! 他们有的公正廉明,解民倒悬;有的血洒疆场,为国立功;有的立一家之言, 成百世圣哲。 因此,他们名垂青史,辉同日月,为后世的人们所钦佩, 所纪念。 我想,人应该像他们一样活着。"

"说得好。"毛麓钟满脸神采,说,"你们都是韶山冲学生中的佼佼者,是韶山的骄子,当你们在书本中和历代英雄豪杰、圣人先哲会晤、对话的时候,你们将拿什么作见面礼呢?"

毛麓钟向学生们扫了一眼,学堂里鸦雀无声,学生们正聚精会神地听着。

毛麓钟拿起粉笔，在黑板上写下了这样的几行字：

"旷观宇宙，竖画天地，前因后果，无一可恃；而可恃者惟在我横画山川。古往今来，一无可恋；而可恋者，惟在目前。目前之事维何？即美雨欧风向我神州冲激，惟有迎头赶上，才能自立于世界之林。"

毛麓钟接着讲道："如今，国家多难，外贼逞凶，中华民族处于危亡之时，黎民百姓沦陷水深火热之中，像尔等七尺男儿，青年学子正在有为之年，理当为国尽忠，为民造福，岂能株守家园，无所作为？古人云：'大丈夫当雄飞，安能雌伏？'侬为师所见，雄飞的翅膀就是知识。知识，犹如农民的土地，渔夫的网罟，骑手的骏马，勇士的刀剑！望你们趁大有作为的年纪，认认真真读书，扎扎实实求知，练出一身真本事来！"

……

开学第一课，对于毛泽东来说，无疑像是盛夏泼下的一场倾盆大雨，劈头盖脸浇在他的身上，让他震惊、震撼，感到清醒，又似三九严寒的冬天，燃起的一盆炭火，让他温暖、激动，使他看到了光明，看到了前面的人生道路，知道了用功读书……

毛泽东在心里暗自发誓：为了像毛麓钟先生所说的那样——使祖国不再因国力羸弱而受列强欺侮，中华民族能够真正"自立于世界之林"，今后一定要树立远大志向，勤奋刻苦学习，掌握过硬本领，将来效力于国家，服务于民众……

毛麓钟点教着毛泽东读《公羊春秋》《左传》《纲鉴类纂》《汉书》，他还辅导毛泽东读了《资治通鉴》，顾炎武的《日知

十　见到了彭石匠

录》等经史古籍。十六岁的毛泽东讲话、写文章，常说古论今，历史典故，诗文辞赋或脱口而出，或信手拈来，生动风趣，妙语连珠。

毛麓钟酷爱历代著名诗词歌赋，有事没事喜好背诵陈子昂的《登幽州台歌》。一天，毛泽东见毛麓钟在池塘边，一时兴起，以手击节，低头吟咏《登幽州台歌》，毛泽东兴冲冲地说："二伯，我也喜欢背诵《登幽州台歌》。"

毛麓钟欣喜地说："是吗，你背。"

毛泽东抑扬顿挫背诵道："前不见古人，后不见来者，念天地之悠悠，独怆然而涕下。"

毛麓钟点头称道："好，你为什么喜欢背诵这首诗？"

毛泽东回答："其诗句虽短，掷地有声，情深意长，读来余音缭绕，回味无穷。"

毛麓钟说："正是，正是。"

他心里说，毛氏家族出了一个石三伢子，前途远大，迟早要飞出韶山冲……

十一　给爹爹留下一首诗

树叶黄了，又绿了。半年，眨眼间滑过去了。

毛泽东刚离开东茅塘私塾，回到家里，毛顺生就萌发了一个念头，送他到湘潭宽裕米行当学徒。

文素勤听了，放心不下说："你该问一下石三伢子，他是怎么想的。"

毛顺生说："他小孩子懂什么。"

文素勤说："你这爹怎么当的，石三伢子今年都十七岁了，是大人了。"

毛顺生说："我眼里他就是小孩，我说这样做就定下了，他还有什么闲话，韶山冲的学堂让他该读的都读了，他还要干什么？我看他到宽裕米行当学徒最好。"

文素勤背地里把丈夫的话悄悄地告诉了毛泽东，问："你愿意去吗？"

毛泽东望着脸上充满期待神情的娘，没说什么，只是"嗯"了一声。

文素勤把儿子的上衣整一整，交代说："爹要跟你说这事时，你要不高兴，不要跟他吵，慢慢说，好吗？"

毛泽东说："我不吵，就是他吵，我也不吵，爹为我读书付出很多了。"

文素勤脸上闪现着满意的光晕，说："嗯，这样娘放心了。"

毛泽东惆怅了。他一下离开学堂，离开先生、同学，离开朗朗的读书声，而且很有可能会一辈子离开十分眷恋的课桌、黑板，他像断线的风筝，在空中乱飘，心里空落落的。在房东边的晒谷场上溜达，走上房后小山包的楠竹林里，听小雀喊喳聊话。春暖花开，阳光明媚。他没有了悠然恬淡的心境，什么景致也没有给他心里带来快乐。他站在家门口的池塘边。清水悠悠，他的身影倒映在水里。他抬眼望去，一块块水田，恰如明镜，拖着白尾的鸟儿在水田上安静地翩飞，大路小路上，男人们扛着锄头下田，人家门前和池塘边，妇女喂猪喂鸭，浣纱捶布，一幅安逸丰足的美丽图画。他没有被眼前的景象所陶醉。他暗暗责备自己：我怎么了，心情这样低迷、失落，这不像我的个性啊！他想振作精神，于是，离开池塘，回到屋里，拿起书，继续读起来。心魔真是魔，想静下来，可就是无法静下来，莫名的愁绪在心里一波一波地涌动，没法子做到云淡风轻、心静如水。他轻轻地一声叹息，今后难道就这样蛰居于偏僻、安静的山窝里，与熟识的乡邻们一起扛着锄头，赶着牛，下田干活，日出而作，日落而息，像井底之蛙，整天看着韶山冲井口般大的天空？他又想到湘潭的宽裕米行，想到那个瘦伶伶的老板，喃喃自语道，难道我就守在那三尺柜台内卖米下去？他摇摇头，不甘心地想，那样活着有么子意思，读的一本本书就等于白读了。他想起梁启超说的话："少年智则国智，少年富则国富，少年强则国强，少年独立则国独立，少年自由则国自由，少年进步则国进步，少年胜于欧洲，则国胜于欧洲，少年雄于地球，则国雄于地球。"他心里活络起来，我不该这么灰心，人生的道路还没有真正迈出去，韶山外面的世界还没有见过，理想的抱负还没有施展一点，怎能有这么多小气、狭隘的想法，只能说明自己心胸不开阔，眼光不远大……

思想的窗子打开了，他把惆怅丢进了风中，顿觉身上轻松。

也巧，表兄文运昌来了。毛泽东把爹要送自己去宽裕米行当学徒的事告诉了他。表兄焦急地说："你答应哪？"

毛泽东说："娘对我说的，爹还没说。"

表兄说："你爹要对你说，你千万不要答应。"

毛泽东说："我也是这样想的。"

表兄说："你要是听你爹安排，今后就在韶山冲待下去了，什么远大理想、抱负都成为泡影。"

毛泽东说："我知道。"

表兄说："来得早不如来得巧，我爹让我今天特意跑来一趟，专门告诉你一个好消息，我们湘乡县城附近的东台山下，刚办一个东山高级小学堂，不像你读的私塾，那里除了传统的经学外，还开设一些自然科学、地理、英语、音乐等新科目。"

毛泽东被吸引了,"真的,还有这样的学堂啊?"

表兄说:"我刚参加完考试,我爹说,你要想法去上学。"

"我能去吗?"几乎没有离开过韶山的毛泽东,猛然像爬上了一座高耸的山峰,眼前豁然开朗,广阔的平川大地尽收眼底。他心里一片温暖。

表兄说:"只要想去,肯定能去,世上的事只怕想不到,没有做不到的。"

"我好想去。"毛泽东紧紧抓着表兄的手,真切地说,"我实在不愿死记硬背,讨厌死读书,爹整天冲着我吵,要打我。"

表兄说:"知道,我也讨厌死读书。"

毛泽东说:"你最知道我了。"

表兄说:"你快到东山小学堂读书吧。"

毛泽东说:"我要去,你要想法帮助我去。"

表兄说:"不要急,我回去仔细打听一下情况。"

毛泽东等不及地说:"什么时候给我消息啊?"

表兄抓紧他的手,说:"我一有消息就来告诉你,放心吧。"

毛泽东信任地点了点头。

表兄两只手撑着毛泽东的肩膀,眼睛凝视着他说:"我们一块上东山小学堂,又能天天在一起。"

天上一朵云彩款款飘过来,遮挡住了阳光,让毛泽东脸上暗淡下来,他有点担心说:"只怕爹不答应。"

表兄笑着说:"我爹会来劝说他的。"

"那太好了。"毛泽东搂着表兄,笑了笑,有点振作的样子。

表兄像真的看见毛泽东上了东山小学堂,兴奋得又蹦又跳。

毛泽东突然有了一个新主意,说:"到时,我再请上几位私塾先生,一起帮着说话,一定让爹答应。"说完话,毛泽东长吁了一口气。

盼望着的事情来得最慢。毛泽东盼望着表兄陪着八舅快点来到韶山冲,每天,他再忙也要到路口张望、等待。他还跑过几位先生家里,请他们到时务必要来他家,帮助劝说爹爹。一天,他遇见了毛宇居,这位"兄长"半开玩笑说:"请我上你家做客,怎么还没动静,是不是不请呐?"

"请、请。"毛泽东再三赔笑说,"就这两天,我恭候你,千万来帮忙。"

越是怕的事情就越容易发生。毛泽东生怕爹爹早早对他说出去宽裕米行的事,他怕自己忍不住与他冲撞起来,耽误了八舅和几位先生来做劝说。这天,毛顺生把毛泽东喊到一边,说:"你书也读完了,我打算这两天送你到宽裕米行当学徒。"

毛泽东把嘴紧紧闭着,没讲话。

毛顺生说:"我明天带你去。"

毛泽东嘟着嘴,说:"我还想读书。"

毛顺生说:"韶山冲的学堂不是全读过了吗?"

毛泽东说:"湘乡那边有个东山小学堂,我想去。"

毛顺生说:"石三伢子,不是爹说你,你想去的学堂,我虽不高兴,还都送你去了。你没想想,今年十七岁了,老大不小

十一 给爹爹留下一首诗

了,不学着做点正经事情,这个家将来靠谁撑啊?"

毛泽东不为所动,说:"这个行业不合我的心愿,不想去。务农为本,实在不行,我还是当一个'田秀才'吧。"

毛顺生动气说:"我能做的,你就做不得?"

毛泽东憋着一股气说:"我不和你赌气,反正一句话,我还要读书。"

毛顺生火气冲上来了,正想动手"教训"儿子,这当儿,表兄文运昌陪着爹爹文正莹,还有先生毛麓钟、毛宇居、李漱清进了门。

毛麓钟大嗓门,笑道:"顺生,教育儿子呐?"

毛顺生见家里一下子来了这么多贵客,转怒为喜,说道:"请坐,请坐。"

八舅文正莹幽默说:"今天来顺生这儿走走,凑巧,遇见几位先生,就一同来了。"

毛顺生诚实,憨笑道:"你们都是我的贵人,今天来了,就不要走,在我家吃杯酒。"

毛宇居笑盈盈地说:"怎么好意思说坐下就坐下哩!"

毛顺生热情说:"谁也不许走,平时请也请不来你们。"

这边,表兄给毛泽东诡谲地眨下眼,毛泽东心领神会,两人得空溜出门,跑到池塘边,交头接耳。毛泽东问:"怎么遇上毛先生他们的?"

表兄窃笑说:"我顺路喊来的,众人拾柴火焰高嘛。"

这时,毛顺生大声喊叫着文素勤:"快拿酒来……"

屋里人高谈阔论，不时响起一阵笑声。

毛麓钟声音洪亮说："顺生，你该明白这个事理，石三伢子不仅是你的儿子，更是毛氏家族的未来。我这个学生侄儿，我是看在眼里，爱在心中。从小看八十啊，石三伢子聪明，读书过目不忘，有自己的思想，难得，我真高兴，毛氏后生中有这么一个俊才，江山代有才人出啊。我年龄大了，有心再干一番事业，可是，心有余而力不足，不服老不行啊，自然法则，抗拒不了。所以，我在石三伢子身上花费心血最多，除了在课堂教好每一节课外，还抓好他的课外学习，有计划、有步骤地给他读历代名家传世之作，包括古代诸子百家学说和科技著作，像农学、医学、天文、历法、算法、艺术等。我花这么多心血为什么？一个家族兴旺发达应该成为全体家族成员的凝聚力，只有这样，家族的成员们才能一代一代地不懈努力奋斗下去。"

李漱清望着毛麓钟，感慨说："毛先生良苦用心啊，可以毫不夸张地说，你对石三伢子的教育，不啻培养治国安邦之才的启蒙教育！"

毛宇居接过话茬说："老话说，虾有虾路，蟹有蟹路，田螺没路，原地打圈儿。每个人有每个人的活法，孩子要想有出息，不能捆在娘爹身边，要给他出去闯，这是成材之道。自古以来，成就一番大事的人无不是这样走过来。南北朝时期的齐梁间的无神论者范缜，家里贫寒，十多岁时，穿麻布衣服，脚上穿一双草鞋，到沛郡学习，人家看不起他，他毫不灰心，照常刻苦学习，逆境中奋起，后来成为了不起的大学者；宋朝范仲淹，

十一　给爹爹留下一首诗

小时候到外地读书，后来考中进士，做了官。他说：一个读书人应当'先天下之忧而忧，后天下之乐而乐'……"

毛麓钟听了，点着头说："话都说到骨头上了，深刻呀！归根结底一句话，还是要送孩子出去读书为好。我理解石三伢子，韶山冲太小了，巴掌大点小山窝，像青蛙坐井观天，自我感觉良好没有用处。出去好，见见世面，不要读死书，没出息，误人前途。石三伢子不愿在韶山读，那就送外面去；不爱读老书，就送洋学堂，能出去就赶快出去，莫耽误了时间。"

八舅说："几位先生说得好，我们可谓是异曲同工，不谋而合啊。顺生，我是来劝你和七妹送石三伢子上东山这个洋学堂，同我家运昌一起去读书。"

毛宇居凝神盯着毛顺生，让他马上表态，"阿公，你答应还是不答应，说句话啊？"

毛顺生嘴里含着旱烟袋，慢慢吸着。毛宇居耐不住性子，伸手握住毛顺生的旱烟杆，说："你不说句话，不让你抽烟。"

毛顺生连忙说："你们说的话，全为我家石三伢子好的，我信，答应去。"

"真的？"毛宇居问道。

毛顺生点点头。

毛宇居望了望站在一边听讲话的文素勤，问："你呢？"

文素勤含笑说："听他爹的。"

毛宇居重重地点下头，说："这就对了。"

毛顺生又说："我石三伢子家在韶山，只怕在湘乡读书有界限。"

八舅脸上带着笑意说,"你莫管,有我家运昌去办,求学不分界限,中国学生出国留学的很多,以志为先。你要把眼界放开些,以顺应潮流,赶上时代的变化……石三伢子具有满腹爱国心,快培植他,将来你们会看到的。"

毛顺生信服地点着头,应道:"是的,是的,这样的新学堂正合石三伢子的心意。"

文素勤喜得撩起围裙抹着泪花,朝门外喊:"石三伢子,快来给你先生、八舅行礼。"

毛泽东一听,知道好事来了,爹爹同意自己出去读书了,跑进屋来,给八舅、先生鞠了躬。

毛顺生说:"石三伢子,你同运昌哥去投考,考不上,回来作田。"

"考不上,回来一定安心作田。"毛泽东声音里透着一股兴奋。

毛顺生望了望大家,笑呵呵说:"石三伢子去读新学,我送。"

八舅说:"顺生,今后要改个口,不能喊儿子叫石三伢子,要叫大名毛泽东,学名润之。"

大家都笑开了。

"嘿嘿,不管怎样叫,还都是我儿子。"毛顺生被八舅说得不好意思,脸上火辣辣的。

毛宇居说:"那不行,到外面学堂一定叫毛泽东、叫润之。"

十一 给爹爹留下一首诗

毛顺生嘴角咧了咧，有点儿自我解嘲地笑了。

随着一阵锅碗瓢盆的叮当响声，香喷喷的饭菜味道已经扑进客人的鼻里，文素勤把做好的饭菜端上了桌子：韭菜炒鸡蛋、青椒土豆片、青菜炒腊肉、炒豆米、盐水煮白虾、红烧田鸡、竹笋红烧肉。毛宇居嗅着饭菜的香味，笑嘻嘻说："婶娘做的菜好味道啊！"

八舅接过话茬，说："我这个七妹心灵手巧，在家里时，做的菜那是远近闻名。"

文素勤摆上碗筷时，毛泽东从池塘里捞上来一条大鱼，让娘做了一钵团鱼炖大蒜，味道鲜美扑鼻。

毛宇居说："鲜味快把我舌头馋得勾出来喽。"

八舅说："七妹最会做团鱼炖大蒜，长沙城里也吃不到。"

大家围桌坐下，毛麓钟呷上一口酒，品尝着美味，心里乐陶陶，诗兴一发，说："湘鱼味美，天下闻名。先秦时期的《吕氏春秋·本味篇》中就说：'鱼之美者：洞庭之鱄，东海之鲕；醴水之鱼，名曰朱鳖，六足有珠百碧……'"

八舅吃鱼是个行家，谈到鱼的话题，兴趣盎然，滔滔不绝，"湖南鱼米之乡，拥四水三湘，而揽洞庭巨泽，鱼的品种之多，不容置疑。仅湖湘餐桌常见的本土鱼类，其肉质之鲜、美、贵、绝，历代称羡的总结不绝于编。"

毛宇居不甘寂寞，扳着手指，细细地数道："家鱼有四鲜：草鱼、鲢鱼、青鱼、鳙鱼；湖鲜有四贵：鳜鱼、鮰头鱼、才鱼、水鱼；三湘有四美：鲫鱼、鲤鱼、鳊鱼、鳝鱼；四水有四绝：翘脖子鱼、瓦子鱼、嫩子鱼、黄鸭叫。其他如鲶鱼、泥鳅、河鲨、芝麻鱼，美名更在人心。"

毛顺生插不上话，只是听着、笑着、点着头，偶尔给他们杯子里倒酒。

李溆清不说话则已，一说话则震人，他悠然地说："湖南的鱼是'鲫鳜鲤鲂，美如牛羊'，可你们知道现在湘潭一带流行的顺口溜吗？"

大家都摇头，说："你说出来听听。"

李溆清给毛麓钟夹上一筷子鱼肉，说："鱼眼给将校，叫高看一眼。"

毛麓钟呵呵乐道："吃鱼还有这门道啊，真是活鱼生香啊。"

八舅笑道："细细品味，有妙趣，有乐趣。"

"还有了。"李溆清给毛顺生夹上一筷子鱼肉，说，"鱼肚给老兄，叫推心置腹。"

毛顺生慌乱站起来，说："我吃，我吃。"

毛宇居点赞说："吃还真有智慧呀。"

"那当然，吃上学问大了，有情感，有生活态度。"李溆清给毛泽东夹上一筷子鱼肉，说，"鱼鳍给后辈，叫展翅高飞。"

大家都笑着说："这个好，有内涵，今天不虚此行。"

一顿饭，吃到太阳快要落下山。

第二天，清晨，太阳出来时，月亮还高高地挂在天上，她似乎知道，韶山冲上屋场今天有一个男孩子要到东台山下的学堂读书，高兴得迟迟不肯离开，要看着他走出家门。

十一　给爹爹留下一首诗

第一次出远门，毛泽东夜里没有睡好觉，还起了个大早。他看见娘在做饭，就走进灶房。文素勤看到儿子，就说："再睡睡，今天要赶路。"

毛泽东帮娘烧火，说："睡不着。"

文素勤说："一人在外，不要只顾读书，要爱护好身子，没有好身子，有最大本事也没用。"

毛泽东说："知道。"

文素勤说："肚子要吃饱，不要节省，家里不缺你那一口粮。"

毛泽东说："我会吃饱的。"

文素勤说："要常写信来家。"

毛泽东说："我会的。"

饭煮好了。文素勤眼里闪着矇眬的泪光，说："石三伢子，你大了，翅膀硬了，说飞就要飞开家了。"

毛泽东说："石三伢子再飞，飞不出娘的手中。"

文素勤说："你是头一次要离开娘这么远。"

毛泽东说："我两腿跑得快，会常回来看你。"

文素勤说："来，娘给你洗头发。"

毛泽东说："昨晚刚洗过。"

文素勤拉过他，说："还刚洗过，看你头发乱的。"

毛泽东在娘面前顺从地跪下一条腿，让她梳洗头发。

文素勤盛上一碗水，松开儿子的辫子，把木梳蘸点水，一下一下梳着头发，说："石三伢子的头发长得真乌。"

毛泽东陶醉地说："我的头发长得像娘。"

文素勤说："儿子是娘身上的一块肉，走到哪儿娘都想着。"

文素勤给儿子梳好头发，拿干布揉净头发上的水渍，扎好。她拿眼睛望儿子，那神情，像欣赏一件得意的艺术品。她喃喃地说："儿子大了，不由娘了……"

初升的阳光，透过房顶上两块窄窄的长条形天窗照进了毛泽东的家里。

毛泽东看见爹爹在猪圈里忙碌，用铁叉轻轻地拍打着几头猪的屁股，把它们赶到一边去，铲出潮湿污脏的稻草，铺上干稻草。毛泽东走过去，进了猪圈，要拿过爹爹手中的铁叉，说："我来干。"

毛顺生说："这里太脏，你出去，别弄脏身上。"

毛泽东走出了门。房后小山包上的松树、楠竹、樟树枝叶轻轻摆动，门前的地上稀稀拉拉落着绿的黄的松针、竹叶、樟树叶，毛泽东拿起竹扫帚扫起来。

晓风轻轻地吹过上屋场，拂起毛泽东的头发。他抬起眼，看到自家屋顶上铺着的茅草稀薄、朽烂了，似乎再有一场大风暴雨就会被掀得所剩无几，雨水就会漏进屋里。他心里一揪，平时咋没有看到、想到，及时给重新铺上茅草，为爹娘分忧呢……

毛泽东在紧挨家东边的晒谷场上站了站，在上屋场附近走了走，享受着韶山冲的宁静。人家屋顶上的烟囱升起的炊烟笔直的，枝头上的几只小鸟在争夺着一条小虫子，叽叽喳喳地叫。他看见有的村民扛着铁锹下田、上山，有的村民已在田里忙碌。

十一　给爹爹留下一首诗

他走到池塘边踏板上，蹲下来，在水里洗了洗手，捧起一点水，喝了一口……

韶山冲的早晨一片宁静。毛泽东在宁静中散步，可心里无法宁静下来。是啊，这块土地太熟悉了，他熟悉附近的每一个乡亲，记得住每一个帮助过别人的人，还有帮助过自己的人，他小的时候跌倒过，现在清楚地记得是谁扶起了他；他还熟悉每一条路，大路小路都熟悉，哪条路上有个坑、有多深，都能记得清清楚楚；他记得路上哪条车辙崴过他的脚、哪块小石头碰破过他的脚趾……时间过得真快，过去的事情恍如就在眼前，历历在目。现在，他就要离开这里，为着理想、抱负，就要走出大山里……突然间，他觉得离开韶山冲心里有点空荡荡的……

早饭后，毛泽东挑起简单的行李，跟着表兄要走时，对着爹娘大声说了一句话："下次回来，我给房顶上重新缮草。"

文素勤听了，眼里直冒泪花花。

毛泽东沿着水田间弯弯的小路，向浓荫蔽日的山中走去，向五十里外的东山高等小学堂走去。

毛泽东走出很远很远时，毛顺生才在每天必看的账簿中发现儿子夹着的一首诗。

这是毛泽东改写的一首诗，他把这首诗留赠了爹爹，这就是："孩儿立志出乡关，学不成名誓不还，埋骨何须桑梓地，人生无处不青山。"

一首诗，成了少年毛泽东走出乡关，奔向外面世界的宣言书，抒发了胸怀天下，志在四方的远大抱负。

毛顺生拿着儿子留下的诗稿，手微微抖瑟，心潮起伏，不能平静。他感到对不住儿子。是啊，那是他一心想要塑造成的一名饱读经书、声名远扬、光宗耀祖的孝顺儿子，巴望他长大继承家业，能像爹爹一样是个种田好把手，能到长沙、宁乡、湘潭贩猪籴米，会飞快拨打算盘珠，把家里日子过得有滋有味，红红火火的大能人。可儿子没有听他的话，执意想读自己的书，要走自己的路，到外面闯一闯……

毛顺生心里轻轻地呼唤，儿呀，你懂得爹的一片苦心吗，理解爹的一片用意吗？儿呀，古人有句老话说，"吃不穷，用不穷，人无算计一世穷"啊……

毛顺生在心里对自己说，千不该万不该，儿子不听话时，我真不该发那么大的火，动那么大的气，去打他。儿子大了，怎么就不能慢慢地对他说，干吗嘴里动不动就喷出"不孝"、"懒惰"的话呢……

儿子天天在身边时，毛顺生觉得无所谓，这次，儿子刚离开，他觉得家里似乎一下子空落、清冷了。他仿佛觉得儿子离家已经几个月，眼前不时浮现出他的身影。他摇摇头，叹口气，叫过毛泽民，说了一句话："今后，你要多想着去东山小学堂给你三哥送点吃的喝的，那学堂里能吃到么子东西？"

毛泽民被爹爹的话感染了，心里一热，第一次大胆地笑着说："爹，你关心三哥啦……"

毛顺生回了一句话："废话，干活去，天都快晌午了……"

十二　破格录取"大龄"小学生

毛泽东和表兄出了韶山上屋场,往东南过东茅塘,出滴水洞,朝石板坳走去。

阳光明朗,风儿轻飘,路边田里的稻子绿油油,正在灌浆,散发着清新甘甜的香味。

毛泽东边走,边若有所思地问:"表兄,你说,我能不能考上呢?"

表兄笑得眼睛眯成一条缝,说:"没问题,我心里有数,凭你的学问,没有一点问题。"

毛泽东说:"你把我看得太高了。"

表兄说:"我都考了,你还怕什么,我哪能和你比!"

毛泽东笑道:"我心里没有一点底。"

毛泽东个子高,虽然挑着行李,走得还是很快。表兄带着小跑追赶着,他说:"润之,走得这样快,我赶不上你了。"

毛泽东说:"我平时锻炼,你不锻炼,当然赶不上我了。"

毛泽东放慢脚步,与表兄并肩走着。

"知道湘乡名字来历吗？"表兄欣然问道，可不待毛泽东回答，他抢先说了，"湘乡在春秋战国时期属楚国，秦朝属长沙郡湘南县。西汉哀帝建平四年皇帝刘欣将涟水流域赐给长沙王子刘昌，封他作湘乡侯，这是湘乡建置之始。"

毛泽东说："我知道湘潭和我们韶山名字来历。"

表兄说："你说。"

毛泽东说："湘中灵秀千秋水，天下英雄一郡多。湘潭简称潭，因盛产湘莲而别称'莲城'，又称'潭城'，从南朝开始建县，距今已有一千五百多年，有'小南京'、'金湘潭'的美誉。湘潭伟人、巨匠灿若星辰，蜀汉名相蒋琬，大清朝重臣曾国藩等都诞生于此。"

表兄说："你知识面很宽啊，你再说你们韶山。"

毛泽东说："舜继尧位之后，为造福人类，开拓疆土，辞别爱侣，甘冒苦辛，渡黄河，涉长江，深入荆楚蛮荒之地，勘察山川利弊，规划拓垦宏图。南下途中舜与侍从宿营韶山，侍从们为舜帝载歌载舞。随着优美的音乐舞蹈，山崖翕然，山鸣谷应，声震林木，凤凰闻乐展翅，嘤嘤和鸣。山间胜境，人间盛会，亘古传诵。日久，人们便把舜帝欣赏过的音乐称为韶乐，把他赏韶乐的山岭叫韶山。"

"说得好。"表兄听得入神，连连称赞，"只有用心热爱，你眼中的韶山才会媲美桃源仙境。"

谈话入了神，两人脚步也快了。

表兄又感慨说："知道吗，我们文家也是韶山人啊。"

毛泽东一下子没有领会表兄的话意，朝他疑惑地望一眼。

表兄脸上挂着自豪感，接着说："我们文家，世代务农，家境小康。文家祖坟葬在韶山。"

"噢，对对。"毛泽东恍然大悟，不好意思地笑了。他的外曾祖父葬于韶山龙眼，每年清明时节，几个舅舅、舅母、表兄、表弟、表妹都从湘乡唐家坨的家里来这里扫墓、拜坟。毛泽东还听说，娘嫁到韶山毛家也是为了文家人来韶山龙眼祭祖扫墓有个落脚的地方。

表兄说："我喜欢韶山这地方，虽然不是这里的人。我还知道，韶峰旧时有一条专吃生灵精血的蜈蚣精，整日喷发毒雾，使得这地方浮云阴沉、乌烟瘴气、不见天日，于是太乙真人用宝塔将它镇服，此后天空出现了美丽的彩霞。"

毛泽东连连点头，"表兄，你不是韶山人，却胜似韶山人呀。"

两人身上都出了汗，他们在一棵树下站住，晾晾汗。表兄说："你累了，我来挑。"

毛泽东用衣襟擦着脸上汗，说："还是我来挑，这点行李太轻了。"

山上树林里有不少鸟，愉快地叫着。听着鸟的叫声，他们心里舒坦，赶路十分愉悦，也轻松。

毛泽东想着考试，放心不下，又问："你估计考试能考什么呢？"

表兄想了想，说："这是洋学堂，应该考那些摆脱奴性，树立独立、自由和爱国家、爱民族的思想，激励人们都要具有'自尊'、'进步'、'利群'精神，以及'进取冒险'等奋发图强、积极向上的思想。"

毛泽东赞同道："言之有理。"

毛泽东后背上让汗水湿透了，表兄拉他到一块峭壁下乘凉，抱怨说："你就是倔，淌这么多汗，也不让出行李担子。"

"没什么，夏天还能不淌汗？"毛泽东根本不在乎，仍然沉浸于思想中，问，"湘乡附近有多少学堂？"

表兄说："湘乡重教育，学堂不少，有名气的有湘乡中学堂、淑慎女校、双峰高等小学堂……"

毛泽东问："哪个学堂名气最大？"

表兄说："当数湘乡中学堂，过去叫涟滨书院，不仅有南宋一代理学大师张栻来此地讲学，引无数人前来求学，更有后来成为湖南省六状元之一、湘乡唯一的状元王容来此求学。"

毛泽东说："我知道王容这个状元，湘乡县金石人，十五岁到岳麓书院拜张栻为师，潜心问学。肄业于岳麓书院时十九岁。淳熙十四年丁未庭中对策，宋孝宗钦点其为一甲第一名，是个状元郎。王容还当场谢恩诗一首：'天上催班晓色清，五星伏尽极星明。奏章读彻三千字，胪唱传来第一声。质实两言虽朴语，始终大概悉真情。圣恩浓厚难图报，誓竭愚衷毕此生。'"

"真厉害，王容这首诗也会熟背。"表兄钦佩至极，接着说，"湘乡还有一个楹联顶级大师……"

毛泽东马上说了出来,"当代大儒朱尧阶吧?"

表兄说:"是的。"

毛泽东说:"朱尧阶是涟水河畔江口村人,为大塘朱氏由明至清第一位出名人物,他作联信手拈来。朱尧阶博览群书,穷研经史,既工诗,尤善骈文、联语。在离江口不远的地方有座洛阳寺,里面有一副半联:'树影横河,鱼宿枝头鸟戏水'。多少年来,无人能对,朱尧阶路过此地,信手添上:'山色倒海,龙吟岩畔虎眠滩'。"

"秀才不出门皆知天下事,润之,你简直是文曲星下凡。"表兄佩服得无以言表,他接着刚刚的话题继续说,"我以为,湘乡最好的小学堂,还是东山小学堂。"

毛泽东笑了笑,说:"表兄,你是爱屋及乌。"

表兄扬起笑脸,说:"有一点,但不全是。东山小学堂虽然是一个全新小学堂,可它最早叫'东山精舍''东山书院',有历史,有文化,现在应该是湖南最早最好的新式学堂。"

毛泽东顺口说:"是的。"

天空碧青如洗。两人看着辽阔深远的苍穹,浮想联翩,激情澎湃,谈兴更浓。

表兄说:"知道文天祥吗?他是我们文姓人的骄傲和光荣啊!"

毛泽东点点头,"他是宋末政治家、文学家、爱国诗人、抗元名臣、民族英雄,与陆秀夫、张世杰并称为'宋末三杰'。他于五坡岭兵败被俘,宁死不降,留下著名诗句,'人生自古谁无死,留取丹心照汗青'。"

表兄说:"文天祥被押解到柴市口刑场的那天,监斩官问他:'丞相还有甚么话要说? 回奏还能免死。'文天祥喝道:'死就死,还有甚么可说的!'他又问监斩官:'哪边是南方?'有人给他指了方向,文天祥向南方跪拜,说:'我的事情完结了,心中无愧了!'"

毛泽东感慨道:"鞠躬尽瘁,死而后已;浩然之气,与日月争光。"

表兄说:"我家是文信国公文天祥的子孙,我是文天祥的第二十三代世孙。"

毛泽东睁大眼睛,"真的吗?"

表兄肯定说:"千真万确,你娘是二十二代世孙女,不信的话,你问几个舅舅,我们家有个传统家风,不分男女老幼,都要背诵《正气歌》。"

"嗯,说得好。"毛泽东稍加思索,目光炯炯有神,说,"不过,我们不仅要熟背《正气歌》,把文天祥当作家族的荣誉和骄傲,更要在心头学习他一颗拳拳爱国之心,当祖国面临困难之际,我们应该赴汤蹈火,甘洒热血,在所不辞。"

"是的,是的。"表兄受到毛泽东的一席话感染,坚定地说,"文天祥曾经说过:'金石之性,要终愈硬,性可改耶?'我俩今后一定要时时刻刻记住,自己是文天祥的后人,要做一个铁骨铮铮的中国人!"

经过城前铺,到达湘乡县城北门外的绯紫桥时,太阳已经落山。

毛泽东头次来到湘乡县城，满眼都是新鲜事，见街心的路是用小石头铺成，觉得奇怪，问："为什么不用石板，而填些小石头？"

表兄说："此城古名龙城，用小石头铺成，像龙的鳞甲。"

毛泽东醒悟说："好，好。"

五十里路，他们走了一整天，晚上住在县城北正街豫昌旅社。

翌日上午，出了望春门，走过马荡渡，进了东山小学堂。

东山小学堂坐落在离城二三里的东岸坪，背依巍峨苍翠的东台山，面向碧波荡漾的涟水河，左右是平展宽阔的稻田。

东山小学堂落落大方地袒露在毛泽东的面前：蓝天碧水间，青瓦白墙的校舍气势恢宏，甬道通达，一池一荷仿佛都散发着淡淡的书卷气息，淡雅而不轻浮，稳重却不沉闷。

左边门口看门的人没有注意到毛泽东和表兄进了校园。

毛泽东从来没有看过这样好看的学堂：右边是影壁，与大门遥遥相对；旁边是南阙屋，是书院的大门。

书院门额为汉白玉石，"东山书院"四个字是清朝榜眼、大书法家黄自元所书；门旁还挂着一块竖木牌，上书"湘乡县立东山高等小学堂"，门面古朴素雅，庄重肃穆。

毛泽东目光落在一口古井上，这井不大，不深。古井边是一座麻石板桥，长长的，像一条飘逸的玉带。站在桥头，凭栏观看，四周景物尽收眼底：典型南方清代古建筑群，高大的马头封火墙，气势恢宏。 屋顶上是宝葫芦和祥云吉兽，中间有五幅灰塑："岁寒三友"、"三官赐福"、"八仙过海"、"童子观音"、"一路莲科"。

看门的人终于发现了两个穿着土气的大男孩在校园内东张西望，乱溜达。 他上前生硬地问道："喂，干什么的？"

表兄说："我是东山小学堂的学生。"

看门的人问："哪个班级？"

表兄说："我刚考过试。"

看门的人看着毛泽东，问："你呢？"

毛泽东自然地说："我来考试。"

看门的人问："考什么试？"

毛泽东说："报考东山小学堂。"

看门的人咧开嘴，哂笑道："招生考试时间已过，名额也满，你还考什么试？ 你睁大眼睛看看，在我们东山小学堂里哪有穿土布衣衫、穿草鞋的？ 你一个土包子也想进洋学堂？ 笑话，快出去。"

毛泽东有一个特点，不信邪，认为不对的事情，坚持不让步，据理力争。 这会儿，他反客为主地问："你是干什么的？"

看门的人一本正经地说："我是东山小学堂人。"

毛泽东说："我要找堂长。"

看门的人不屑一顾地说："你是什么人，老虎吃天——好大口气，堂长是你能见的吗？"

毛泽东说："我一定要见堂长。"

十二　破格录取"大龄"小学生

看门的人沉不住气，推着毛泽东，说："出去，出去，堂长不是你见的。"

表兄怕得罪看门的人，劝导毛泽东说："我们先出去……"

毛泽东不理会说："我们没有错，干吗出去？"

这时，有人喊道："李堂长来了。"

堂长叫李元甫，个子不算高，慈眉善目，一看相貌就知是和善之人。他望着毛泽东，和蔼地问："同学，有什么事？我是堂长李元甫。"

毛泽东有点诚惶诚恐，与表兄一起给李堂长行礼，恭敬地叫了声"堂长先生"，接着，讲了要报考东山小学堂的事。

李堂长看了看毛泽东，觉得相貌端庄大方，温文尔雅，谈吐不俗，气质高贵。他问："哪里人？什么名字？"

毛泽东答道："我叫毛泽东。"

表兄接过话，说："我们是表兄弟，他家住在湘潭韶山冲，外祖母家在湘乡唐家坨，他是在唐家坨长大的。"

李堂长把他俩带到办公室，坐下后，看了看毛泽东的仪容和打扮，犹豫了一下说："考期是过了，怎么办？"

毛泽东站起来，急促地说："能不能想想办法？"

表兄也急了，帮着说："他学习很好了……"

"是吗？"李堂长认真端详毛泽东，"不过你要是有真才实学，那是可以考虑录取的。"

毛泽东急切说："堂长先生，考试成绩要是不好你就不要我，我就拿起行李走人。"

"唔。"李堂长问道,"你为什么要来报考东山小学堂?"

毛泽东答道:"东山小学堂是新式教育,用新文化、新思想,代替旧文化、旧思想。"

李堂长感兴趣地说:"说下去。"

毛泽东又说:"梁启超说过,国家作育人才,皆为有用,教而不用,不如不教;学生学习,惟在效用,学不见用,不如不学。"

李堂长目光闪亮,"你在偏僻的韶山冲也读到梁启超的《论科举》? 好,好,你再说下去。"

毛泽东说:"梁启超还说,国之兴,在于兴学,学之兴,系乎教师,教师是学生心目中的上帝,其道德文章对学生影响很大,因此,教师的作用举足轻重。"

"有才哇。"李堂长按捺不住地兴奋,说,"毛泽东,你只要考试成绩及格,就录取你。"

李堂长给毛泽东重新出了入学题目《言志》。 他说:"现在回去做,下午交给我。"

回到县城豫昌公馆里,毛泽东扯了一下表兄,说:"爬东台山去?"

表兄瞪大眼睛,"现在去?"

毛泽东说:"对。"

表兄说:"你不做文章哪?"

毛泽东说:"赶得上,出去走走,找点灵感。"

东台山,是南岳山脉,风景秀丽,分为东台山、塔子山、狮子山，三山融为一体。 东台山，山峰高耸，山势如凤仪翔空，象征湘乡人文蔚起，故又名凤凰山。

东台山上森林茂密，树木葱郁，飞着信天翁、环颈雉、画眉、八哥，山崖间卧伏着穿山甲、小灵猫、山羊。

爬着山，看着山水，毛泽东兴致颇好，说："东台与韶峰，隔河相望，雄峰对峙，二山灵气，相互贯通，缺一不能成正果。相传唐代有恒氏二女，在韶峰庵修炼数百年未成仙，有一天，天庭太白金星路过韶峰，告诉二女，韶峰与东台的灵气自为一体，缺一而不成，经仙师指点，二女飞至东台凤凰寺继续修炼，并在山中采摘百草，配方炼丹，治病救人，五百年后修成正果，双双升天。 现留有洗药井、天书石、晒药石等遗迹。"

表兄心里佩服毛泽东，他第一次来湘乡，对东台山就这么了解，知识真多啊。

毛泽东掬了一捧山泉水，喝了，说："这水好，早晚要出名。"

表兄见毛泽东悠闲自得的样子，完全不像马上要做一篇关系到自己未来前途的考试文章，他放心不下，催促说："回去吧，你文章还没写呢。"

"不急。"毛泽东还是四处游走。

天快晌午时，他们才下山。

在豫昌公馆里，表兄说："我不打扰你写文章，出去坐等。"

毛泽东摆摆手，说："你随便干什么，我不怕打扰，闹中取静嘛。"

表兄上床睡觉。他醒来时,毛泽东文章写好了,洋洋千言,一气呵成。表兄读了墨迹还未干透的文章,那文字,那立意,那气魄,那视野,像早春的迎春花,新鲜绚丽,灿烂夺目,让他感叹、赞赏。

"这是你刚写的?怎么写出来的?"表兄似乎怀疑眼睛看错了。

毛泽东轻轻笑道:"这要谢谢你呀……"

表兄搔着脖子,说:"谢我什么呀?"

毛泽东说:"东山小学堂地脉的源头就是东台山,不上东台山哪有这文章?"

"噢,"表兄恍然大悟,后悔地拍着脑门,说,"我怎么没想到?"

下午,进了东山小学堂。毛泽东把精心写好的《言志》文章交到李堂长手上。李堂长仔细看了文章,控制不住喜悦的心情,大声朗读起来。

在文章中,毛泽东把个人的命运和国家、民族的命运紧密地联系在一起,把责任当作"铁肩膀",当好"挑山工",为国家、民族的独立、解放、振兴,准备"鞠躬尽瘁,死而后已"。他还要求自己无论什么时候都应该有独立自主的精神,自尊自爱自强。

李堂长把文章递给几个教国文的先生,说:"你们看看,太难得了,文章写得豪放洒脱,既关怀民族、国家命运,又揭露矛盾、批判现实,更憧憬未来、充满理想。它独辟奇境,别开生

十二 破格录取"大龄"小学生

面,呼唤变革,呼唤未来,这是建国之材啊。"

几个先生轮流读起了文章。

李堂长心里不平静地说:"这是考生中顶尖的文章,从大处着眼、整体着眼,大气磅礴,雄浑深邃。"

几个先生看了文章,激情难抑,啧啧称赞道:情致高远,前途远大,不可限量。

国文教员谭咏春阅后,写了"天下第一名"的批语。他说:"一扫轿夫'颠花轿'的文章萎靡奢华之风,或文章绮丽,华而不实,或宣泄个人私欲,升官发财……"

那天晚上,教职员一起叙谈。李堂长脸上惊喜之色丝毫未减,诗兴勃发,抑扬顿挫,吟诵起龚自珍的《己亥杂诗》:

"九州生气恃风雷,万马齐喑究可哀。
我劝天公重抖擞,不拘一格降人才。"

有一个教国文的先生附和着吟诵起龚自珍的:

"浩荡离愁白日斜,吟鞭东指即天涯。
落红不是无情物,化作春泥更护花。"

教国文的贺先生用一语道出了李堂长的心声:"堂长,你是热烈地希望、期待着优秀杰出人才的涌现,期待着改革大势形成新的'风雷'、新的生机,一扫笼罩九州的沉闷和迟滞的局面。"

李堂长念念不忘，自语说："前日考试的新生毛泽东，定是一个建国才。"

在敲定录取学生名单时，有个别校董事和先生嫌毛泽东是外籍湘潭人，年龄又大，不同意录取。

李堂长动了肝火，拍着桌子，声色俱厉地说："我们是要俊才，还是要一个蠢才？办学为了什么？还不是为国家、为民族培养杰出人才？现在人才就站在我们面前，如果连毛泽东这样难得的人才都被拒绝于东山小学堂门外，我甘愿辞去堂长。"

东山小学堂破格录取了毛泽东这个"大龄"小学生，当时毛泽东交了一千四百个铜板的学杂费。

十三　一篇文章让毛泽东名声大振

毛泽东编在戊班，也就是第五班。

毛泽东穿着陈旧的青大布短衣和裤子，在同学中"鹤立鸡群"。

毛泽东从没见过这么多孩子聚在一起，课间时，花园中、长廊里、桥上，全是人。东山小学堂的学生大多是富家子弟，穿绸缎，着轻裘，华衣美服，富贵气派。毛泽东穿着大布长衣、布鞋、夹衣，全是旧的。富家子弟看不起"土同学"，偶尔与他们走在一起，捏紧鼻子，赶紧避过，说："一股酸味，难闻死了。"伙食吃的是包伙，吃饭时间一到，学生们蜂拥进食堂，抢着盛饭。有的学生成了吃饭"精"，第一碗饭只装个平碗，三口两口扒完，再盛第二碗饭，直装得饭碗冒尖。毛泽东初来乍到，第一碗饭盛得满满，吃完再想盛饭时，饭桶里已没有饭了。富家子弟大都在一边吃包伙，吃香喝辣的，毛泽东吃最便宜的沾点油花的青菜，他说："穷的冇得饭吃，要讨米；富的餐鱼餐肉，还要坐轿子，要女人照顾，还要欺负人。只有他们才能当绅士，我们这些冇得哪有份？"

毛泽东感到"洋"式教育一切都是新鲜的。

他的第五班教室在东斋，也就是教学区，这栋房子融合中西建筑风格，是全校最大的，也是最好的教室。教室高大宽敞，装有大洋玻璃窗。这里采光、通风条件好，前面的两块黑板使用滑轮升降，可以交替使用。毛泽东个子较高，坐二组倒数第二位。第五班共有学生八十二名，超过甲乙丙三班总人数。学生还有专门的自修室。每间自修室共有六人，毛泽东的座位靠门里座。所学科目有：物理、国文、算术、经学、音乐、图画、体操、历史、地理、修身等。

毛泽东住在西斋，每间寝室两张床，每床睡一人到两人，也让他觉得新奇。

早晨，学生整齐地排列成队，站满坪上，接受李堂长的训话。

上午中途课间时，大家都要聚集到前厅做操，学堂平时还开设有体育课。先生讲，学子们不仅要有好的学业，还要有好的体魄，以后才能更好地报效国家。

第一次上物理课，先生讲授"热胀冷缩"的原理，边讲边用铁圈、铁球做实验，给毛泽东留下了深刻印象。

上历史课时，先生在黑板上挂出了大清国的地图。第一次看到地图的毛泽东非常兴奋，可先生却悲愤地告诉大家："同学们，这就是我们中国的疆域，它幅员辽阔，可是由于我们落后，列强就来宰割我们。沙皇俄国侵占了我们那么多的土地，英国、法国、德国等也来抢,现在日本人又来了,我们一定要发奋学习,努力让失去了的土地再回到中国的版图上来。"

先生还指着黑板上的地图告诉学生:"与我们一衣带水的邻邦日本,虽然是一个很小的岛国,却像一条贪婪的蚕,在不断地蚕食着像一片桑叶的中国。"从老师的讲课中,毛泽东还知道了中国在"甲午海战"中惨败于日本,也知道了日本在"明治维新"后向西方学习,振兴实业,走上强大之路的过程。

毛泽东陷入了沉思当中:疆域如此广大、人口资源众多的大清帝国竟然打不赢一个弹丸小国?

毛泽东还知道,慈禧太后和光绪皇帝在两年前就死了。

上修身课时,先生问学生:"为什么读书?"

一个矮墩墩个子的学生答道:"爹花钱供我读书,是要我将来发大财!"

另一个穿着绸缎衣服的学生又回答:"我读书是为了考状元,光宗耀祖!"

同学们七嘴八舌附和着说:"我爹都是这样说的。"

毛泽东举手要求发言时,那些富家学生挤眉弄眼地笑,有的捂耳朵不愿听,有的瞧不起说:"土包子能讲出什么!"

毛泽东又气又羞,还又恼火。在韶山冲私塾学堂里,先生夸奖他,同学羡慕得只能妒忌他,没有想到,来到东山小学堂遭受这样的冷嘲热讽。他硬挺着脖子,红着脸,说:"为了中华自立于世界之林!"

富家学生听了,戏谑地说:"呵呵,乡巴佬也能让中华自立于世界之林，可能吗？ 天大笑话嘛。"

毛泽东心里憋着一团野火，暗暗地说：说一千句话，顶不上一个行动，我们走着瞧！

"洋"式教育让毛泽东忘却了不愉快。

第一次上英语课，第一次接触英语，"早上ABCD，晚上之乎者也"。

历史课上，他第一次听到了俄、美、日这些国家的名字，知道了华盛顿经过八年苦战才建立了国家，他是美国的国父，是一个公民，是战争中的第一人，是和平时代的第一人，也是他的同胞们心目中的第一人。了解到日本经过明治维新才逐渐变得强大。明治维新前，日本闭关锁国，不允许外国的传教士、商人与平民进入日本，也不允许国外的日本人回国，还禁止制造适于远洋航行的船只。在受到西方资本主义工业文明冲击后，进行近代化政治改革，建立君主立宪政体。经济上学习欧美，掀起工业化浪潮，提倡"文明开化"，社会生活欧洲化，发展教育等。这使日本成为了亚洲第一个走上工业化道路的国家，慢慢跻身于世界强国之林。

文学课上，贺先生用没听过的观点讲解旧经文，讲授官方禁书《饮冰室合集》，梁启超负载着时代的使命，标榜自由思想而与封建的残余作战，与骈文、桐城派、八股背道而驰，文章清新平易，立论锋利，感情奔放，痛快淋漓，仿佛乌云狂风中的一棵杨柳，冲破电闪，迎风而歌。

谭咏春先生讲国外名篇《天方夜谭》《泰西五十轶事》，也是官方禁书。《天方夜谭》这部民间故事集，有格言、谚语，有寓言，有童话，有揭露封建统治阶级和描写人民群众反抗斗争的故事，有神话传说和魔神故事，有描写婚姻恋爱的故事，有描写航海冒险的故事，有反映宗教问题的故事，还有表现古代劳动人民智慧的故事、道德教训故事等。涉及的人物上至帝王将相，下到奶妈乞丐，还有天仙、精灵和魔鬼，三教九流，应有尽有。《阿里巴巴和四十个强盗》里的忠厚、善良的阿里巴巴，女仆美加娜的机智、勇敢的性格，给毛泽东留下了深刻印象。

　　上音乐课的先生是"假洋鬼子"，留着假辫子，曾经留学日本。"假洋鬼子"在教唱歌时，让大家和他一齐放声高歌。毛泽东觉得他了不起，喜欢听他讲日本的故事，了解到并且感觉到日本的美丽。他从"假洋鬼子"口中晓得，公元前二一九年，秦始皇想长生不老，得到仙药。一个叫徐福的方士，乘机给秦始皇上书，说海中有三座仙山，有仙人居住，可以得到长生仙药。秦始皇一高兴，派徐福带三千童男童女及工匠、技师、谷物种子入东海，求取仙药。徐福一去再也没回来，他最后到了日本，给日本带去了中国的汉字、中草药和水稻种植等许多文化和科学技术。稻米拯救了日本饥饿的人们，也结束了日本的渔猎生活，开始了农耕。日本把徐福奉为"农神"和"医神"，这让毛泽东十分惊讶。

　　"假洋鬼子"有时会摘下假辫子给毛泽东看，说："真辫子在日本剃掉了，日本人看不起拖着长辫子的中国人。"他还说，"小辫子像猪尾巴。这假辫子虽然足以乱真，但戴着太不方便，夏

少年毛泽东

天不能戴帽子，走路怕突然掉下来，站人群里又怕挤掉或挤歪。"

毛泽东觉得他的话有道理，便说："嗯，真有点像猪尾巴，我也想剪了。"

"假洋鬼子"劝阻说："不可，国人习惯这条辫子了，留着它就是对政府的忠心。"

毛泽东告诉他："你的话，我不会告诉别人。"

"假洋鬼子"给毛泽东说了一个慈禧太后愚昧无知的事情，他郁闷地说，京师大学堂的日本先生在生物课上解剖了一只羊，慈禧太后听说后大为震怒，管学大臣张百熙急忙入宫叩头请求处分。毛泽东听后，半信半疑问："真有这事吗？"

"假洋鬼子"一脸正色说："那还有假？我在日本听说的。想一想，大清朝要教育改革，那如同火中取栗，难上加难啊。"

毛泽东愤愤地说："梁启超先生为了教育改革，竭力呐喊，披肝沥胆，四处奔走。"

有时，"假洋鬼子"还给毛泽东唱日本歌，叫做《黄海之战》。句子很美的：

"麻雀唱歌，夜莺跳舞；
春天的绿色田野，何等地可爱；
石榴花红，杨柳叶青；
正是一幅新鲜的图画。"

十三 一篇文章让毛泽东名声大振

他还唱日本歌词作家犬童球溪用美国音乐家J.P.奥德威的《梦见家和母亲》的旋律，填写的一首名为《旅愁》的歌：

"深秋夜阑，旅途天空　寂寥的回忆，一个人忧愁　怀恋的故乡，亲切的父母　走在梦中，回故乡的路
　　深秋夜阑，旅途天空　寂寥的回忆，一个人忧愁　风雨敲窗，梦被打破　遥远的他们，心迷惘　怀恋的故乡，亲切的父母　思绪涌来，树梢动　风雨敲窗，梦被打破　遥远的他们，心迷惘。"

东山小学堂也有让毛泽东不高兴的地方。湘乡这地方分为上区、中区、下区，学生也分成了"三区"。上区的学生与下区的学生玩不到一起，经常地打架……在这"战争"中，毛泽东不属于哪个区，是边缘人，谁也不靠，是个中间"逍遥派"。他曾对表兄说："我几乎听不懂湘乡话，这反而好，不掺和他们的事情。表哥，你最好不要加入任何一个区，斗斗打打的，实在没意思。学生嘛，还是以学为主，把学习搞好。"

"我不掺和那些事。"表兄马上表态，又疑惑地问，"润之，从小与我们兄弟在一起玩，怎听不懂湘乡话？"

"湘乡话难懂。"毛泽东咂咂嘴。

表兄笑了，"是的，宁乡紧靠湘乡，他们也听不懂。"

不想发生的事，挡不住，来了。

上区人来找毛泽东了，问他："你站在哪个区？"

毛泽东说:"我不是湘乡人,话也听不懂,不倾向什么区。"

上区人说:"不行,你既然是东山小学堂学生,就要有倾向,表明个态度,拥护谁。"

毛泽东说:"我不拥护谁,不参加哪个区。"

上区人说:"你要是上区人,我们就保护你,谁欺负你,就是欺负上区所有同学。"

毛泽东说:"我不会欺负别人,别人又欺负我干吗?"

上区人说:"你知道没人欺负你吗? 你呀,会吃大亏的。"

接着,中区人找来了,毛泽东不软不硬地把他们顶了回去。他们临走时,丢下了一句话:"走着瞧吧。"

紧跟着,下区人也找来,又被毛泽东用不痛不痒的一番话撵了出去。

既是意料之外,又是意料之中,"三区"的"炮弹"全对准毛泽东发过来了,他们说毛泽东哪边都不靠,背地里是"三区"都想靠。他们开始"整"毛泽东。他习惯干活,打扫、收拾自己的房间、床铺,上区人嘲笑说:"乡下佬小抠门,一个铜板丢地上能抠出窝子。"

下区一个富家学生找到寝室,望着毛泽东高大的个子,油腔滑调地说:"这么大的个头,跟我当用人怎样,一天两个铜板。"

"三区"的人都约好似的,一起不理睬毛泽东,过去交往不错的同学也不准理睬毛泽东。

毛泽东一天不讲几句话,独自散步、去饭堂、上课……

孤独也好,能看到别人看不到的风景。

毛泽东也交到了好朋友。

一天傍晚，天气闷热。毛泽东在石桥上散步，看到同学们分成一团团、一伙伙地散步、说笑，有人不时冲他指指戳戳，哄笑声很大。他们对着他在挖苦、讽刺，毛泽东有点压抑、难受，远离他们，走到常去的石桥边，站在枯井边的树荫下纳凉。

没有风，绿草红花散发出暗香，这儿那儿响起阵阵的笑声。毛泽东听了笑声，觉得嘈杂、刺耳。

圆形池塘里响起了蛙声，马上激起周围一片蛙鸣，此起彼伏。

毛泽东看着枯井，听着蛙鸣，一个灵感在心里活了，一首诗涌到嘴边：

《咏蛙》

"独坐池塘如虎踞，绿荫树下养精神。
春来我不先开口，哪个虫儿敢作声。"

诗句抒发了毛泽东正义之气，袒露了一个少年的远大志向。

一个充满抱负的乡下少年，开始了向壮怀激烈的青年知识分子的转变。

诗句浸染着花的清香，婉转低回，回响在学堂内。

一个同学听见了毛泽东吟诗，鼓掌走过来，说："好，诗才过人，清水与长天一色，诗句与蛙鸣同舞。"

毛泽东回头一看，见是个瘦弱的同学，前额高高的。他向同学微微颔首一笑，拱手向他谢道："承蒙抬爱，见笑了。"

说笑间，毛泽东知道这人叫萧子暲，在家排行老三，大家习惯喊他萧三，比自己小两岁，是第二班学生，偏好语文和诗歌。

萧三知道面前是五班学生毛泽东，又叫润之，比自己大两岁，湘潭韶山冲人。

萧三告诉毛泽东，"我二哥也在这里上学，教物理课的萧先生是我爹。"

毛泽东眼里流露出羡慕，说："你们家里条件好，不像我们乡下。"

这时，一边有人喊："萧三，过来，不要和乡巴佬在一起。"

"你说谁是乡巴佬？"萧三是本地人，爹、哥哥都在东山小学堂教书和读书，说话特硬气，说道，"我看你才是乡巴佬，告诉你，今后不许再喊，他是我好朋友。"

"别理他们，这帮草包，无才无德，专会欺负外乡学生。"萧三见毛泽东穿的大布长衣、布鞋、夹衣全是旧的，就说，"他们会以貌取人，你可以穿得好些……"

毛泽东说："来这里上学花了不少铜板，家里挣的每一个铜板都不容易。"

两天后，还是傍晚，毛泽东和萧三不约而同在枯井边又见面。

萧三胳肢下夹着一本书，毛泽东问："你那是什么书？"

萧三说："《世界英雄豪杰传》。"

毛泽东说："怎有这书，借给我读一读？"

萧三说:"我这书里讲的是英雄豪杰,你想读,就要对对子。"

毛泽东喜爱对对子,说:"你说。"

萧三说:"你听着,上联是,'目旁是贵,瞆眼不会识贵人',请对。"

毛泽东略一沉吟,从容答道:"请听,'门内有才,闭门岂能纳才子。'"

萧三听了,脸上有些发火,感到不好意思,低下头来说:"贤兄大才……"

两个少年一见如故,成了好朋友。

毛泽东让萧三认识了表兄文运昌。表兄拿来梁启超编的《新民丛报》,刊登着康有为一八九八年发起的流了产的"戊戌变法",三人围在一起阅读。毛泽东有时激动起来,背出梁启超一些文章:"'吾敢断言曰:世界若无政治、无教育、无哲学,则孔教亡;苟有此三者,孔教之光大,正未艾也。持保教论者,盍高枕而卧矣。'"

他们也会面红耳赤、互不相让地争论。毛泽东说:"我崇拜康有为和梁启超,文体的改革,是梁启超最伟大的功绩,才使得国民阅读的程度一日千里。"

萧三说:"梁启超创设不如康有为,破坏不如谭嗣同,他的思想多来自康、谭二氏。"

表兄说:"谭嗣同是我们湖南人,若道中华国果亡,除非湖南人尽死。"

一天晚上，上自修课的预备铃声响了，毛泽东和萧三快步朝教室走去。

毛泽东把《世界英雄豪杰传》还给萧三，脸上略有愧色，讷讷说："不好意思了……"

萧三觉得奇怪，坐下后，打开书一看，发现书上许多地方被用笔圈点过，在华盛顿、拿破仑、彼得大帝、叶卡德琳哪女皇①、惠灵顿、格莱斯顿、卢梭、孟德斯鸠和林肯的章节，圈点得最多。

下课后，萧三不介意说："不碍事，无碍看书。"

毛泽东舒展开眉头，说："中国也要有这样的人物。我们应该讲求富国强兵之道，才不致蹈安南、朝鲜、印度的覆辙。"

有时，贺先生下课后，会与毛泽东、萧三、文运昌在一起，谈读书感受，也会争论得脸红脖子粗。贺先生会请他们吃饭，三碟小菜，一碗稀粥，能吃到饭馆打烊。萧三的爹会打趣贺先生，"你简直成了孩子头啦。"

贺先生说："后生可畏，别看年龄小，有思想，有抱负，卓识远见，文章振聋发聩，惊世骇俗，有这样的后辈，国家、民族有幸啊。"

萧三的爹感动地说："贺先生，感谢你的栽培。"

贺先生情绪亢奋说："毛泽东、萧子暲真是东山学子的翘楚啊。"

---

① 今译叶卡捷琳娜女皇。

有富家学生看不惯贺先生常与毛泽东在一起，更不爱听他夸赞毛泽东，酸酸地说："贺岚岗是一孔之见，敝帚自珍，毛泽东能背几篇古文，合他心意，到处乱吹捧。哼，不相信山窝里能飞出金凤凰。"

贺先生听了，在课堂上敲打着说："你们若有真才实学，写一篇文章给我看看。"

有一个富家学生不服气，要和毛泽东比试，一分高下。贺先生出了一个古文题目《宋襄公论》。贺先生知道毛泽东古文做得不错，但兴趣不浓，于是对毛泽东说："你喜欢地理，这次要是把文章写得使我稍满意，我送你一部地理方面的书《了凡纲鉴》。"

"真的？"毛泽东认真起来。

贺先生语气不含糊，说："真的。"

富家学生说："我要是写得好，送么子书？"

贺先生慷慨说："随你点吧。"

富家学生写好了文章，贺先生看了，连连摇头，批注道："赖婆娘裹脚布——又臭又长……"

毛泽东写好了文章，贺先生过目后，喜上眉梢，一拍桌子，说："没有辜负期望。"他在文章上面写了这样一个批语："视似君身有仙骨，寰观气宇，似黄河之水，一泻千里。"意思是器宇不凡……

毛泽东在东山小学堂名声大振。"涓涓之水，可以滔天"等作文佳句在同学中传递抄写。

毛泽东被同学们喊叫成"文章魁首"。

李堂长把毛泽东叫到办公室,用欣赏的目光看着说:"先生们都夸奖你,同学们都钦佩你,你可不能骄傲自满,要百尺竿头,更进一步。"

萧三拉着毛泽东到枯井边散步,玩笑说:"以前我是东山小学堂写作文第一,你来了,变成第一,我变成了第二。"

十四　小亭子里站着三个人

每天早上,起床钟敲响之前,毛泽东和几位要好的同学、李校工悄悄起床,围着学校的围墙跑上几圈,然后跑步登上学校旁边的东台山,做一阵健身操,再回学校,用冷水洗脸、冲澡。

跑了几天,表兄受不了,他上气不接下气说:"我腿疼,跑不了……"

毛泽东给他鼓气说:"坚持几天就好了。"

他哭丧着脸说:"我已经坚持四天了,还要怎么坚持?"

毛泽东说:"坚持一下,再跑两圈。"

"两圈?"他脚步慢下来了,"我实在跑不动,不跑了。"

毛泽东说:"将来若要做一番事业,没有强壮身体怎么行?从现在起就得加强锻炼呀。"

表兄累得喘着大气、弯着腰说:"那是将来,还早呢。"

萧三笑道:"运昌兄,你年龄比我大,还不如我啊!"

表兄喘着气说:"你行,人小志气大……"

跑上东台山时,毛泽东一路领跑,大气不喘,浑身轻松,精神抖擞。他招呼着萧三,"咬咬牙,坚持住,到前面山坡上歇息,你若这时放弃爬山,就前功尽弃了;如果登上山,会有另一番新天地。"

"没关系。"萧三个性好强,不服输,尽管累得心脏狂跳,气喘吁吁,却没有放慢脚步。在一块陡坡面前,他慢下来,慢慢朝上小心爬着。他突然间感到了腿酸,发软,用不上力气。他身后的年轻李校工要帮他朝上推一把,他推开李校工的手,说:"不用,我行。"

"把手伸给我。"毛泽东在坡上伸出温暖的手,萧三看见了,心中顿时涌起暖流,把手伸了过去,毛泽东用力一拉,他脚一蹬,冲上了陡坡。

毛泽东问:"还能爬?"

他感到从未有过的一种愉悦、舒畅,"没问题,继续爬。"

毛泽东说:"爬山好处很多,首先练脚劲。"

他说:"是的。"

毛泽东说:"爬山时双臂摆动,腰、背、颈部的关节和肌肉都在不停地运动,促进身体能量的代谢,增强心肺功能。"

他说:"爬山运动确实没坏处。"

毛泽东说:"最重要的是爬山能磨砺意志,锻炼品格。"

他说:"润之,你的想法、做法就是与众不同。"

到了山顶上,清风送爽。山顶上有一座三层阁楼的八角亭,叫"魁星阁",建于清乾隆八年,亭子的八个角下都有一个青蛙口,每一个青蛙口里都有一个弹珠,微风一吹,自然发出声响，声音清脆但不刺耳，能传出很远。

毛泽东和萧三站在亭子里，映入眼帘的是郁郁葱葱的群山，百鸟啾啁，白云涌动的蓝天。他们心胸立刻晴朗起来，心里仿佛流淌着溪流，身上的疲累一扫而空；眼睛好像被白云擦洗过一样，清澈亮堂。

毛泽东指点着远方，说："站在山顶上好吧，无限风光尽收眼底。"

萧三心里热腾腾的，还想爬上最高峰。

回到学校，萧三脚踝肿了。

跟在毛泽东身后跑步、登山的只剩下了一个李校工。

李校工在东山小学堂做杂工，家里穷困。他人长得精瘦，却很精神，也肯帮助人，谁要跟他说一声："今天有时间帮忙抬一个柜子吗？"他随口答应，还千方百计放下手头事情，要帮你的忙。他还有骨气，有人同情他，要给他施舍点吃的穿的，他说什么也不要。

这天，毛泽东看见他脸上、胳膊上都是蚊子叮咬的小红点子，就说："你怎么被蚊子叮咬成这样？"

他说："没蚊帐。"

"这怎么行呢？"毛泽东回到房间，拿下蓝麻蚊帐，送给李校工。

李校工推让着，不接受蚊帐。

毛泽东板着脸说："我们都是外乡人，应该互相关照，拿住，要不我会生气的。"

他说:"蚊帐给了我,你怎么办?"

毛泽东说:"不要操心我,我自有办法。"

晚上,毛泽东要和表兄睡在一张床上,表兄说:"你蚊帐哪去了?"

毛泽东说:"李校工没蚊帐,身上被蚊子咬得不成样子,我把蚊帐送他了。"

表兄故意为难他,不让上床,说:"你送人蚊帐做好人,现在要爬到我床上睡觉,不行。"

毛泽东就说:"你怎么这样狠,没有一点同情心……"

表兄笑了,"上来,上来,逗你玩呢。"

没想到,天刚秋凉时,毛泽东又把自己的印花蓝布被子送给了李校工。

每天,李校工跟着毛泽东跑步,有时,天上飘着小雨,他在毛泽东房门口静静地等待。

毛泽东感动地问:"别的校工都不跑步,你干么子跑步,睡个早觉不好吗?"

他诚实地说:"我陪你跑,怕你一人跑着没人说话。"

"呵,原来这样。"毛泽东拉了拉他的手。

进入秋天,毛泽东经常在校园边河里游泳。只要是跳到水中,毛泽东马上变得像是一条灵活自如的鱼,能长时间地游来游去,一点不累。他会蛙泳、自由泳、仰泳。仰睡在水面上,看起来像一片树叶,边用腿悠悠地蹬着水,欣赏着岸上秋色,边和岸上的人说话,悠闲自得;他能憋住气潜入水中,呆上好长时间；双手还能高高地伸出水面，举着衣服，一动不动地竖立在水中。他问李校工："你会游泳吗？"

他说："不会。"

毛泽东说："我喜欢游泳，游泳能让人坚强。你要学会游泳。"

他教李校工学游泳。进了水中，李校工整个身体变得像块石头朝下沉，呛了几次水，要逃走。毛泽东拽住了他，说："学游泳哪有不被呛水的？"

李校工连连告饶。毛泽东没放手，说："岂能没有学会就逃走？学则进，不学则退。"

深秋里，树上只剩下最后一片枯叶的时候，毛泽东跑过步，登过山，回到学堂院子内，站到井边，洗冷水澡，这让李校工惊愕不已。

天气寒冷，李校工身上穿得虽破旧，但很暖和。他看见，毛泽东剥掉身上的衣服，只留着短裤，在寒气中伸伸臂，晃动一下脖子，用手撩起盆里的冷水，朝头上、胸脯、四肢上泼洒。

他觉得毛泽东盆里的冷水像泼洒在自己身上似的，浑身不由发冷，泛起一层鸡皮疙瘩。他望着毛泽东，怯怯地问："冷不冷啊？"

"不冷。"毛泽东肯定地回答，还用热情的眼睛看他一眼，"你来试一试？"

他朝后退了一步，"我不行。"

毛泽东说："看起来水很冷，其实热得很。"

少年毛泽东

他冷得缩了缩脖子,"不可能。"

毛泽东说:"真的,开始是有点冷,不过,坚持一下就过去了。"

李校工的脖子又缩了缩,觉得自己的手和脚冰冻一样地冷。

毛泽东说:"洗冷水澡不要犹豫,一咬牙就过去了,只是几秒钟的冷,皮肤上发点麻。"

李校工不敢再想象下去,害怕地眯上眼睛。

毛泽东招呼说:"给我端盆水来,朝身上浇。"

他端来冷水,看着清汪汪、冷冰冰的清水,觉得那是一盆冰水,寒气刺骨,自己的手和脚已被它冻得麻痛,全身不禁微微哆嗦。他望着毛泽东,迟疑了,盆里的冷水能朝他身上泼吗?

毛泽东催促道:"泼呀。"

"哎。"他手抖颤一下,把水泼了过去。

毛泽东用手搓洗着身子,高声吟诵道:"风萧萧兮易水寒,壮士一去兮不复还。力拔山兮气盖世,时不利兮骓不逝,骓不逝兮可奈何?……"

李校工悚然地问:"你冷了吧?"

"呵呵,"毛泽东笑着反问了一句,"我冷?不不,不冷,你再给来一盆水。"

"还能泼冷水啊?"李校工身上抖瑟一下,心里嘀咕,毛泽东的身子是石头做的还是铁打成的,怎么一点不怕冻啊!

他把一盆冷水朝毛泽东身上泼去。毛泽东拿块布擦干身上。李校工看见他身上都冒出白白的烟。毛泽东不像光着身体

十四 小亭子里站着三个人

在冬天里冲澡,像是在炎炎夏日里冲凉,他开心地说:"真是高级享受。"毛泽东穿上暖暖的衣服,感觉每一根血管里都在跳动着火苗。

李校工摇摇头,吁上一口长气说:"这样受罪为什么呀?"

毛泽东笑出了声,"洗冷水澡像吃几口辣椒,辣得身上冒汗,还要吃,这辣味辣得过瘾、刺激、痛快。知道吗,这是挑战自己,战胜自己。"

毛泽东的名气越来越响亮,"三区"的学生对他也客气了。

萧三说:"润之,卤水点豆腐——一物降一物,你可降了东山小学堂的同学……"

李堂长找到毛泽东的寝室里,约毛泽东爬山,他说:"听说你每天爬东台山,好啊,增强体质,有时间的话,我陪你一块爬。"

毛泽东慌忙抱拳作揖,说:"哪敢,我陪堂长先生爬山。"

一个特别清冷的早晨,东台山下的空气中飘散着淡淡的松木清香。毛泽东带着李校工沿着老路跑过来,准备经过松树林中的小亭子上山顶。

寒风把晨光中的一点暖意吹跑了,山上的松枝在风中轻轻地点颤。毛泽东看见小亭子里站着三个人,有李堂长、贺先生与谭咏春先生,他们有的搓揉着被冻得发冷的双手,有的两脚在原地上轻轻地颠跳着取暖。他们两眼笑眯眯地望着走来的毛泽东。走近了,毛泽东脚步慢下来,亲热地说:"三位先生跑步啊?"

李堂长笑着说:"我俩有约在先,不是说好一块爬山吗?"

毛泽东点点头,"是的,只是没想到三位先生一起来,学生有点诚惶诚恐。"

李堂长、贺先生与谭咏春一起笑了。

李校工见毛泽东与李堂长他们在一起,像是有什么事,就独自朝山上跑去。

毛泽东陪着李堂长他们朝山上走,说:"山下有点冷,朝上走一阵身上就热了。"说这话时,毛泽东心想:大清早三位先生一起找我,肯定有么子事情。

贺先生的头发有点枯黄,后脑勺上留着的一根长辫子却打扮得整齐光滑。 毛泽东说:"贺先生的辫子真长啊。"

贺先生自负说:"有人曾玩笑说,要剪我辫子,我说,谁敢剪就和谁拼命。"

天空微微地发灰,鸟儿在林子间飞来飞去,林子里显得格外幽静。

经过一条小溪,旁边有一个炼药井。 李堂长说:"润之同学,你没有白白来过东山小学堂一趟,东台山让你跑熟了。"

贺先生爬山有点累,歇下脚,望着毛泽东,喘着气说:"知道东台山很多景观为什么都以凤凰命名呀?"

毛泽东说:"知道一点,东台山山名与一个传说有关系。"

三位先生听了,都点了点头。

毛泽东绘声绘色地说:"传说很久以前,东台山这里并没有山,是一块小平原。 农民们在这里辛勤耕作,日子过得很幸福。有一天,这里来了一条恶龙,使用妖法,把这里搅得天昏地暗,沙石把田土都覆盖起来。农民无法耕作,只能吃草根树皮度日。后来,村里来了一个高人,指点说:'由此往东走,走九九八十一天,经九九八十一难,就会看见一座九九八十一峰的大山。最高峰的峰顶,有一个仙洞,洞里有一只修炼成仙的凤凰,它可以降伏恶龙。'一个叫东台的小伙子自告奋勇去请凤凰。他历尽千难万险,到达凤凰居住的山洞。凤凰知道他的来意,为难地说:'我去了,可以把它赶走,可是我一离开,它又卷土重来,只有人变成大山才能永远把它镇住,可是到哪去找这个勇敢的人呢?'东台回答,只要能救家乡的乡亲们,他甘愿变成大山。凤凰和东台来到村口,找到恶龙的洞穴。凤凰高声一啼,恶龙就拼命逃跑。凤凰又高声一啼,小伙子顿时变成了一座大山,狠狠压住了恶龙。但东台却变成了大山,从此,人们就把镇龙的大山叫'东台山'。"

李堂长说:"润之同学,做东台这样的青年人好不好哇?"

毛泽东精神地说:"人活着要有意义,就要像东台一样,为百姓群众谋利益,我来东台山,就要像东台一样做人。"

"唔,润之同学好样的。"谭咏春目光越过李堂长的肩膀,冲着毛泽东思索说,"在湖南民间传说中,确有东台这个人。民间传说中,主人公一般有名有姓,还有事件发生的具体时间和地点。"

贺先生边走边说:"传说既不是真实人物的传记,也不是历史事件的记录,而是老百姓的艺术创作。"

李堂长说:"这就是艺术化的历史,或者是历史化的艺术。"

爬上了山顶,几个人汗流浃背。毛泽东带他们走进"魁星阁",李堂长喘口大气说:"多年未上来了。"

贺先生气喘吁吁说:"直上云霄啊……"

太阳已经升起,金色的光线洒满了山野。李堂长他们的脸颊上挂着汗珠,被霞光映照得熠熠闪亮,眼里闪耀着生动的光芒。

李堂长望着毛泽东,晨晖中,毛泽东两颊红光满面,如同成熟的苹果,光彩照人。他轻轻地咳嗽一声,说:"润之同学,你在想我们三人为什么和你一起上山吧?"

毛泽东脸上略显腼腆,笑了笑。

李堂长、贺先生与谭咏春把快慰的目光一起朝向毛泽东。

贺先生说:"李堂长、谭先生和我都关心你的学业,一个学期马上结束了。"

李堂长说:"海阔凭鱼跃,天高任鸟飞。东山小学堂太小了,这里的学识不够你学的。你的国文、历史和地理已经是中学程度了,其他的科目也比同学们优秀,为何不到长沙去读中学呢?水朝低处流,人往高处走,我们商量几回了,要推荐你去长沙的中学读书。"

毛泽东听了,心里涌动着一股感情的热流,眼里发热,说:"谢谢堂长和先生们,学生一辈子忘不了你们。"

李堂长说:"你有什么想法、打算?"

毛泽东说:"我听说这城市是非常大的,有许许多多居民、许多学校和一个巡抚衙门。那简直是一个伟大的地方!"

李堂长说:"是的,那是个大地方。"

沉默一会,毛泽东有些忧郁地说:"想是想去,但只怕人家不收我,再说家里也没有太多的钱供我再念下去了。"

"放心,"李堂长笑道,"为你想到了,长沙有个湘乡驻省中学,收费低,成绩特别好的还可以读公费,我们写信推荐你去。"

贺先生补充说:"我下学期要到那里任教……"

毛泽东眼睛里闪着喜悦,说:"真的吗?我去,一定去。"

山顶上,寒风瑟瑟,冻得脸上生痛。毛泽东内心的那份激情,在奔涌着,燃烧着,身上一点没有觉出冷……

十五　贴在墙上的文章

一九一一年的春节过去了。

毛顺生不太情愿儿子毛泽东去长沙湘乡驻省中学读书。他说："十七岁的人，该收下心做点正经事了。"

毛泽东说："我会做出点正经事给你看的。"

一个早晨，毛泽东挑着一头铺盖、一头书箱的"求学挑子"，翻过韶峰，去投考湘乡"省中"。

他是坐小客轮顺着湘江去的长沙，傍晚时到了长沙小西门码头，进了新安巷的湘乡试馆。

湘乡驻省城中学，就在新安巷。这里本是湘乡会馆，湘乡的读书人赴考自学都在这里。

新安巷里，房屋整齐典雅，大多为两层式小阁楼。清朝咸丰、同治年间为清廷"重新打下"半壁江山的湘乡人，红顶子一串串，黄马褂一片片在这里出没。

湘乡驻省城中学是从日本留学回来的禹之谟创办，并取得曾国藩长孙曾广钧的支持，把会馆旁的昭忠祠做了教室。

毛泽东考入了这个学校的预科班。贺先生早已来到了学校，毛泽东看见了他，兴奋说："我一来就打听先生到了没有。"

贺先生说："明天才开学，你现在该出去看看，长长见识，要看看贾谊居住之处，汉赋名篇《吊屈原赋》和《鹏鸟赋》都是在这里写的。"

毛泽东像一条鱼游进长沙。

昨天傍晚，他从小西门码头一上岸，被长沙这座城市的繁华街景弄得眼花缭乱。坡子街上灯火明亮，人群里，有三三两两推着脚踏车走着的人，有挑河水卖的脚夫。街两边全是吃的东西：酸梅汤、臭豆腐、糖油粑粑、糯米粽子、龙脂猪血、绿豆沙、汤面、米粉、干煎鸡油八宝饭、馄饨、萝卜丝饼……小西门到大西门的洋行一家连一家。

照着贺先生的话，毛泽东在街上走了走。进了太平街口，他闻到一股干鱼、干虾的味道。狭窄的太平街人声鼎沸，干货、特产、布料、杂货，应有尽有。两旁店铺林立，卖粮食、油盐，经营南货和钱庄。他想着要去马家巷十七号，看看贾谊任长沙王太傅时曾经住过的地方，他住了三年，那里凿水井、植柑树。他兴冲冲去了，看到街巷里人来人往，行色匆匆，人们的脸上表情凝重，这里像发生了什么大事，让他一下没有了欣赏风景的雅致。在几间馆内，他看到人们三五成群地围在一起，神色严峻，窃窃私语。他听到，谈的都是鄂、粤、川等省爆发"保路运动"，不要洋人的钱修铁路，说洋人筑铁路目的是要以"轮车补轮船之不足"，达到尽收中国权利之目的。有些议论听了，不寒而栗，令人害怕：

"'宣统'年号一公布，有人看出来，'宣'跟'完'字很接近，'统'跟'结'很接近，从一九〇八年到今年，短短的两三年间，民间到处传言大清朝要完结了。"

"是呀，有人亲眼看到彗星滑落，'彗星现，朝代变'，彗星出现就是天下要动刀兵，朝代要更迭，前几年，光绪帝、慈禧太后在一天内就前后离世了。"

"大清该完了，现在到处是灯红酒绿，从上到下都是吃饭送礼，不少有权有势的人都在澡堂里忙着搓澡揉背。"

毛泽东内心震惊了，第一次听说清政府有可能要完蛋。他想到了康有为、梁启超的"公车上书"，他们是要救中国与民众于水深火热之中，"变法成天下之治"。毛泽东痛恨清政府，痛恨已死去的慈禧太后，痛恨她把一个好端端的国家糟蹋得不成样子……

毛泽东想起了长沙人都晓得的一件事：教员徐特立在长沙修业学校演讲时，痛斥洋人欺侮中国人而满清政府则对外屈从、对内残酷镇压，他越讲越愤怒，悲愤至极，忽然离开讲台，走到厨房拿来一把菜刀，当着学生将左手的一个手指砍断一节，用血书写"驱除鞑虏，恢复中华"……

毛泽东的心在燃烧，清政府真是腐朽透顶，民众已到忍耐不住的时刻了……

回到学校，毛泽东把所见所闻讲给贺先生听了，他对毛泽东说："山雨欲来风满楼。长沙的风起来了，山雨就要到了。润之同学，今后多呆在学校，不要到外面跑，更不要参加外面什么活动，你们是学生，不知道其中的厉害……"

毛泽东说："天下兴亡，匹夫有责。"

贺先生说："说的道理没有错，但你们青年人考虑问题往往简单，不计后果，容易一时冲动，铸成大错。你们未来的路很长，还有很多事情要做……"

"知道。"毛泽东嘴上这样答应，内心的火焰却已无法扑灭。

高高的校园围墙并没有挡住漫天"大风"吹进来，到处都是一大团、一小伙的老师和学生聚在一起，神秘、低声地议论"天下大事"，每一个人神色庄重、严肃，专心一意地听着，有的脸上不时露出担忧，有的是惊愕，有的是万分激动……

一个同学把身上的长袍卸下一丢，说："快练兵操，准备打仗。"

毛泽东在人群里听着、分析着，常常沉浸在兴奋之中。他头脑里不时掀起风暴，思想的浪涛撞击得铿锵作响。他第一次听到"孙中山"的名字，听到孙中山主张颠覆清政府，"驱除鞑虏，恢复中华，创立民国，平均地权"的十六字纲领，知道孙中山为推翻清政府，披肝沥胆，九死一生，被迫亡命海外……

毛泽东真的抱怨呆在韶山太久了，中国发生这么多、这么大的事情都不晓得，孙中山的名字外面几乎人人知道，他竟然不知道……

可惜啊，这时十七岁的毛泽东还不知道，正在发生的一件一件事情，就是风起云涌的辛亥革命。年少的他还没有分清康有

少年毛泽东

为、梁启超的保皇改良派与孙中山的革命根本不一样,孙中山是救国必须革命,要想救亡图存,只能是推翻封建皇权。

"中国有希望了!"毛泽东像看到了地平线上涌现出的一轮金红色的太阳,照亮了中国,照亮了长沙……

毛泽东下定了决心,要用实际行动,投入推翻清王朝的斗争中去……

一个叫胡崇诚的学生,他和毛泽东是"东山"的同学,同时考进了"省中"。他现在和毛泽东同坐一张课桌,两人非常谈得来,毛泽东的一些想法,他非常赞成。

他俩一块读了《民立报》,知道了"汉口惨案":一九一一年一月二十一日,汉口发生了一起震惊全国的血案:当天傍晚,一位吴姓人力车夫拉车时不慎轧了英租界印度巡捕的脚,竟被殴打致死,消息传开后其他人力车夫极其愤慨。晚上数百名人力车夫围集在英租界巡捕房,帮助死者亲人向巡捕房讨个说法,遭到了巡捕房的拒绝。没有得到巡捕房任何答复的人力车夫们相约第二天举行大规模的罢工运动,以向英租界政府施压。而罢工当日正好赶上星期日,租界内游人众多,再加上其他行业的苦力等,于是最终形成了声势浩大的罢工示威浪潮。

罢工人群向印度巡捕和巡捕房投掷石块,发泄自己的不满。英租界领事立刻调集租界义勇队和英军水兵前去镇压,开枪毙伤华人二十多个,制造了震惊全国的重大血案。政府抱定了大事化小、小事化了的态度,与英人的交涉只不过是做个样子,不但没有获得英人的赔偿,反而赔偿给英人两万元损失费,清政府

十五 贴在墙上的文章

还可怜兮兮派人去各国领事馆道歉，一副卑躬屈膝的奴才样子。"汉口惨案"未完，武汉所有文武官员纷纷忙着为瑞督母亲寿辰贺寿……

毛泽东义愤填膺：一场外国人悍然践踏华人尊严，肆意戕害生命的惨案，竟然在清政府如此的妥协退让之下不了了之。中国人在洋人面前连一点起码的生存权利都没了，政府看了就像没看到，对民众一味地打压，对英人一味地妥协。这是什么政府？无视民众的生命已经到了什么样的地步！

毛泽东把刊登"汉口惨案"的《民立报》送给贺先生，贺先生叹息说："看了，旧的历史终将被新的历史所替代，我们都是见证者。"

毛泽东用探寻的眼光望着他。

贺先生把一张刚出版的《民立报》递给毛泽东说："看看，发生不久的事情，孙中山在广州起义失败，有一百多名革命党人死难。清政府对革命党恨之入骨，有意'示众'，把烈士头颅挂在城门上。"

毛泽东先震惊，后悲愤，一字一句地说："要奋斗，就会有牺牲，我们要擦干泪水，踏着烈士的足迹继续前进。"

贺先生意味深长地说："历史不是一根直线，从来不是笔直前行，而是变幻莫测，弯弯扭扭，充满了变数。"

想到烈士，想到革命的奋斗目标，毛泽东浑身发热，勤奋读书。夜深人静，同学们都睡下了，他自备一盏小灯，下面用一节竹筒垫高，坐在床上继续看书。他觉得看书的灯光让同学睡不着，在走廊上或茶炉室的灯光下看书。一有时间，他吃完早饭，急忙奔向图书馆，有时还没有开门，就在门外等，经常是第一个进门。到关门时，他总是最后一个离开。中午常常饿着肚子不吃饭，有时就到街上买几个烧饼充饥。

他早上经常带着一本书跑步，到人声最嘈杂的南门口站下，埋头读书，时而朗读，时而默念，闹中取静，周围吵闹的声音似乎与他无关，一点听不见。有同学看见，说："这样吵闹能读下书吗？"

他说："学问学问，就是既学也问。"

这天，毛泽东从南门口读书回来，在路上，他看到街巷的墙壁上贴满"保路"标语，很多人成群结队向太平街孚嘉巷走去。他上前一问，才知道清政府前几天正式发布"铁路国有"文件，今天长沙市面不少人在孚嘉巷集中，将举行万人游行请愿。

早饭后，学校通知，今天任何学生不许上街参加游行请愿，谁违反规定，将严肃处理。

毛泽东心中的一团野火烧得越来越旺，他拉着胡崇诚，悄悄地问："我要上街，你敢吗？"

胡崇诚大胆地说："你敢去我就敢去。"

贺先生找来了，拉住毛泽东，严肃地说："政府对学校看管很严，专门派来人，注意学生动静，你万万不能上街呐。"

毛泽东说："我不会让他们发现。"

贺先生说："那也不行，你不能去，留得青山在，不怕没柴烧。"

十五 贴在墙上的文章

毛泽东说:"先生,你一直支持着我,现在怎么变成这样呢?"

贺先生说:"我是你的先生,对你的想法和举动都了解、理解也赞同,但是,现在风声这样紧,说发生大事就会发生大事,我不能看着你站在风口浪尖上,要为你今后的前程着想和负责……"

心里不舒服呵,毛泽东被抛向寂寥的精神旷野。

"省中"大门上扣了一把大铁锁,小门口有校方五六个人把守,只能进人,不准出人。

胡崇诚看着毛泽东,问:"怎么办?"

毛泽东想了想,下决心说:"不能出去也不要紧,我有办法,在学校进行革命嘛。"

毛泽东满怀革命激情,洋洋洒洒写了一页纸的评论文章。他在文章中提出:只有赶走列强,推翻清廷,中国才有出路,人民才能生存;应该把孙中山先生从日本请回来,担任新政府的总统,由康有为任国务总理,梁启超任外交部长……

胡崇诚第一个读了毛泽东的文章,竖起大拇指,直叫道:"太棒了,才华横溢,看了真过瘾。"

毛泽东说:"贴出去。"

胡崇诚跑到食堂里弄来一点浆糊,两人就朝学校饭堂门前专门贴"消息"的地方跑去。

饭堂门旁的墙上,张贴着各种红红绿绿的"消息"。

毛泽东、胡崇诚的手像在薅除田地里的杂草一样,把墙上有一些东倒西歪的大纸条、小纸条扯下来,要把自己的文章贴上去。毛泽东心里冒出一个想法，说："贴得高一点，低了被别人撕了怎么办？"

胡崇诚说："这样的好文章看了真过瘾，不会撕扯的。"

毛泽东说："想得周到点好，只怕万一。"

胡崇诚望着思索中的毛泽东："你说，怎么贴吧？"

毛泽东望着高大的墙壁，说："贴得高一点，让人举手也够不着。"

胡崇诚指着墙上的高处，说："贴在那里？"

毛泽东说："我来贴，你蹲下来，我站你肩头上。"

毛泽东用一个手指刮着浆糊，朝纸上涂着。胡崇诚不放心说："多涂点浆糊，贴上去牢靠，不要让风一吹就掉下来。"

毛泽东"嗯"了一声。

胡崇诚蹲下来，毛泽东两脚小心地站上他的肩头，问："能撑得住吗？"

"行。"胡崇诚有些吃力，扶着墙，慢慢地站起来。

毛泽东一手扶墙，一手拿文章，说："你稍蹲下点，不能贴得太高，看不清楚。"

胡崇诚低着头，弯着腰，费力地说："快贴，小心点，不要跌下来。"

毛泽东把文章牢牢地贴在墙上。

不一会儿，有三个人过来，认真地读起了文章。渐渐地，文章前围满了读者，有的人边看边抄写，有的人点头称赞说："有胆有识，写得好，把我的想法说出来了。"

十五　贴在墙上的文章

有的人佩服说:"中国敢说真话的人太少了,毛泽东是个勇敢的人。中国有希望,湖南人不死,中国亡不了。"

贺先生也赶来看了文章,他找到毛泽东,有点生气,说:"你太实在了,锋芒毕露,知道吗,政府还在,眼睛睁着呢,时局这样难料,扑朔迷离,你就开了第一炮,说轻一点,校方肯定要找你,说重一点,政府不会放过你。"

毛泽东说:"现在市面上大家都这样想、这样说,白纸包不住火,清王朝明摆就是一个外面光、里面烂的坏苹果,应该把它捅破嘛。"

贺先生说:"你以为自己是谁,一个中学生能撼动政府?"

毛泽东不退缩说:"谭嗣同以死来殉变法事业,用自己的牺牲去向封建顽固势力作最后一次反抗太有道理了。他说:'各国变法无不从流血而成,今日中国未闻有因变法而流血者,此国之所以不昌也。有之,请自嗣同始。'"

贺先生掏心窝子说:"我说什么样的话你才能听进心里呢……"

校长杨伯鸿来了,毛泽东正欲躲开,他一下子站到了毛泽东面前。毛泽东心一横,准备与他"理论"一番。谁知,杨伯鸿一开口讲话,比毛泽东还要厉害。他提醒自己的学生毛泽东:"救我中国,人人有责啊!"

毛泽东听了,心里热得不得了。

一条小道消息在学生们中间悄悄地传播开:"政府要来学校抓人了!"

贺先生带着胡崇诚急匆匆赶到毛泽东的住处,神色惊慌,说:"润之同学,听说了吧,今天政府要派人来抓你,现在赶紧到外面躲一下,避避风头。"

毛泽东镇定地说:"我不躲,如果要来人抓我,杨校长不会不知道,他会告诉我的。"

贺先生说:"不要痴心等着杨伯鸿告诉你什么,他也够危险的,想一想,政府有话能告诉他吗？ 快走,要不就晚了。"

胡崇诚拉着毛泽东的臂膀,说:"润之,贺先生说得没错,三十六计,走为上。"

贺先生说:"我在外面给你找好了房子,让胡崇诚同学陪同你。"

毛泽东说:"不要听风就是雨,怕什么？"

"好汉不吃眼前亏,我们走吧。"胡崇诚硬是拖着毛泽东离开了学校。

三天,像是熬了三个月,毛泽东在长沙一处偏僻的房子里憋得浑身难受,半天也不想再呆下去。 胡崇诚为难地说:"我也没办法,反正是为了你好。"

毛泽东哄着他,想了一个折衷的法子,让胡崇诚回到学校瞧一瞧,看有什么动静,能不能回去。 这回,胡崇诚答应了。 他从学校回来说,政府一直没来学校抓人,杨伯鸿明天还要邀请一个"革命党人"来"省中"作报告。

毛泽东一听,心情大好,说:"'革命党人'都要来'省中'作报告,我还东躲西藏干吗？ 走,回学校去。"

十五 贴在墙上的文章

十六　剪掉的辫子

一夜之间，长沙城里几乎变了"天"。

一场"保路运动"，带动了长沙人响应"革命"，剪起辫子。长沙城里突然热闹非凡，不想剪辫子的人被拿剪刀的人满街追着跑，追上了，留辫子的人忽然被"咔嚓"一下剪掉"猪尾巴"，惹得旁边看热闹的人笑声不止，被剪掉辫子的人忸怩奔逃。

这次，外面的"风"没有刮进"省中"，一个个先生、学生的辫子梳得油光滑亮，在后脑勺上甩来甩去，神气十足，他们仿佛不知道外面有人在剪辫子。

毛泽东对胡崇诚说："'省中'也要剪辫子。"

胡崇诚说："对，我们来剪，快动手。"

毛泽东说："不能太急，先问一问同学们愿意不愿意，大家都行动起来力量大。"

胡崇诚说："嗯，还是润之想得周到。"

说干就干。课间，胡崇诚跑到讲台前，大声喊道："同学们，静一下，听毛润之讲话。"

毛泽东站在桌位前，用明亮的眼光对着大家，说："大家都知道，政府要用外国人的钱在我们湖南修铁路，出卖国家利益，长沙人开始剪辫子，反抗清王朝，我们是湖南的子弟，还留着辫子吗？该不该剪掉？"

同学们一条声地喊："剪掉！"

"大家同意了？"毛泽东有点激动。

同学们响应道："同意。"

下午，毛泽东买来一把剪刀，对胡崇诚说："我俩第一个剪辫子。"

胡崇诚点点头，"先剪我吧。"

毛泽东拿着自己乌黑的长辫子，说："从我开始吧。"

胡崇诚说："那我就是第二个。"

毛泽东拿起剪刀，对着辫子轻轻一用劲，"咔嚓"一声剪下辫子。

胡崇诚接过剪刀，也剪下辫子。

毛泽东说："记得东山小学堂'假洋鬼子'吗？"

胡崇诚说："记得。"

毛泽东说："他说这辫子是猪尾巴，连日本人都嫌弃，我当时就想剪辫子。"

胡崇诚说："你怎没剪掉？"

毛泽东说："我们湘潭和湘乡都是小地方，没见过大世面，有心剪辫子，可没那胆量。中国圣贤有'身体发肤，受之父母,岂敢毁伤'的古训。"

胡崇诚说:"'假洋鬼子'回到湘乡花四块大洋买了一条假辫子装上,要不他就是对抗朝廷,周围人也会看他像怪物一样。"

毛泽东举着剪下的辫子,对同学们说:"我和胡崇诚剪掉辫子了,现在我要给你们剪辫子。"

胡崇诚在半空中摇晃着自己剪下的辫子,脆生生地说:"剪吧,没辫子舒服啊。"

毛泽东问:"谁先剪?"

同学们没有吭声的。

胡崇诚说:"怎么不说话啊?"

毛泽东说:"你们都是答应好的。"

一个同学说:"我不想剪了。"

又一个同学说:"我也不剪了。"

接着,几十个同学都说不愿剪辫子。

胡崇诚气愤地说:"你们说话不算话,算什么中学生?"

同学们脑袋像霜打的庄稼耷拉下来,没有一句话。

毛泽东说:"我们都崇敬孙中山先生,都知道他说过的一句话,'世界潮流浩浩荡荡,顺者昌,逆者亡',同学们怎能逆着世界潮流走呢,剪掉辫子做个自由人不好吗? ……"

胡崇诚说:"你们真窝囊,辫子是清王朝逼着我们汉人留的,剪了不当它奴隶不好吗?"

有同学说:"爹娘不会同意,身体发肤,受之父母,岂敢毁伤?"

毛泽东说:"剃头留辫子,不是'古训',留辫子是清兵入关后强迫做的。"

胡崇诚说:"毛润之说得对,中国人对于强迫行为,也是可以不理圣贤、毁坏古训的。你们不要强调理由,到了剪辫子时,把这种强迫接受的丑陋,又当做一种宝贝,当做一种精神信仰。"

有同学顾虑说:"政府还在,当官的还留着辫子,剪掉脑后的辫子容易,只怕日后被当成革命党,留不下头了。"

胡崇诚说:"你糊涂,看不到天下大势啊……"

毛泽东俯在胡崇诚耳边,悄悄地说:"磨嘴皮子解决不了事情,只能用硬的办法,抓一个剃一个。"

胡崇诚说:"我来抓。"

毛泽东说:"我俩一起抓,我来剪。"

胡崇诚说:"行呀。"

有两个同学伏在课桌上写作业,毛泽东和胡崇诚走过去,趁其不备,拿出剪刀,在他们后脑勺上"咔嚓"一下,剪掉辫子。两个同学被惊动,一摸后脑勺,辫子没了,顿时脸色煞白,差点要哭。

同学们都躲闪着毛泽东和胡崇诚。毛泽东和胡崇诚配合得好,胡崇诚抓住一个同学,抱住双臂,这边的毛泽东用眨眼工夫剪掉辫子。

毛泽东剪了十几个同学的辫子,学校里的先生、学生引起了不大不小的惊慌。

校方把毛泽东、胡崇诚带到办公室，追问："是谁带的头？"

毛泽东挺身而出，"我领的头。"

校方质问："为什么要把辫子剪掉？"

毛泽东理直气壮地回答："讲卫生，反封建！"

校方恼火了，"反什么封建，是反政府吧？"

毛泽东说："欲加之罪，何患无辞！"

校方又盘问："你为什么剪同学辫子？"

毛泽东说："他们自愿的。"

校方一拍桌子，"胡说，你是强剪的。"

毛泽东不服软，"那你问了他们吗？"

校方说："我们问过了。"

这时，被剪了辫子的同学全来了，他们觉得毛泽东遭罪是他们的责任，没有兑现答应毛泽东剪下辫子，心中惭愧。现在，他们勇敢地抬起头，嘴里发出同一个声音："我们都是自愿剪下辫子的。"

这一刻，毛泽东感动了，眼里发热，心中激动。是呵，同学们觉醒了，他们剪掉辫子，虽然并不意味着脱了胎、换了骨，但起码说明已经告别了过去的思想、观念，剪断了与过去的精神联系……

校方开会，要开除毛泽东、胡崇诚的学籍，校长杨伯鸿却很强硬："剪辫子，不是毛泽东的发明啊！你看，街上那么多人剪了辫子，你管得了么？皇上管得了么？"

校方有人报告政府部门，长沙劝学所所长来到学校，见了毛泽东、胡崇诚，严厉地盯了他们一眼，训导说："辫子不是可剪不可剪的问题，只是迟剪早剪的问题，可目前的时局下没有辫子，很容易被朝廷误为革命党，希望你们好好用功，不要看见报上什么消息，随便乱动，尤其不要没有辫子在街上乱跑。"

校方有人冲着杨伯鸿嘲讽说："你为毛泽东辩护，可你脑后不也留着辫子吗？"

杨伯鸿说："剪掉脑后的辫子容易，但一个人要剪掉长在心里的精神辫子，一个民族、一个国家要剪掉尾大不掉的历史辫子，何其艰难。"

最后，校方只好给予毛泽东、胡崇诚"记大过"的处分。

贺先生来看毛泽东，松了一口气，说："虚惊一场啊，润之同学，要记取教训……"

毛泽东的眼睛一直盯着他脑后的长辫子，不觉"嘿嘿"笑了起来。

贺先生问："你笑么子哟。"

"我没笑么子嘛。"毛泽东说道。

贺先生说："那你笑么子？"

毛泽东指了指他脑勺后的辫子，说："贺先生，你还留着辫子啊，能在所有先生中率先剪掉，带个头吗？"

贺先生下意识地拿着辫子，说："我知道你冲着我笑会有事情，不中，我不剪辫子。"

毛泽东说："现在不剪，到时你要找人剪的，那就迟了。"

十六　剪掉的辫子

贺先生伸手拍拍他的肩膀,说:"我的辫子留在头上,他们的辫子却长在心里头,不一样的。"

毛泽东说:"先生是接受新文化洗礼的文人,应该率先声讨长辫。辫子只是一种民俗,现在代表着社会的陈腐没落。剪辫子只是一种形式,但真正革辫子背后政权的命,关乎国家、民族的前途。"

贺先生揣着沉甸甸的一颗心,走了回去。

第二天,毛泽东遇见贺先生,见他后脑勺的那一根长长的辫子不见了。

贺先生几声大笑,感慨说:"剪掉辫子,浑身轻松呵!"

毛泽东说:"剪掉辫子,丢下包袱,看到一个新天地。"

"是呀。"贺先生扬起眉毛,赞同说,"润之同学剪掉辫子,长大了……"

一个月后,长沙起义光复了,脱离了清王朝。长沙人剪辫子成了风潮,想剪辫子的人却找不到剃头匠理出时髦的西式头,找到了剃头匠,他们剃掉辫子后,用剃头剪刀在头上一顿乱剪,还有士兵竟手持着大马刀,满街找人割辫子。

毛泽东兴致勃勃地来到了湘江边,橘子洲头。他站在这里,两手卡腰,猎猎秋风掀动着他的衣襟,一头乌发蓬勃地扬起。他呼吸着江上刮来的江水浓郁、潮湿的气息,眺望着岳麓山,丛林尽染,如火如霞,染红半个天空,像要赶尽天上飘来的寒气;他看着橘子洲头像一柄利剑,把湘江一劈为二,江水再汇合为一,一个波涛追赶着一个波涛汹涌北去。他心胸洞开,魂魄如旗，豪情万丈，思绪齐涌。他眉毛轻轻地跳动，心想，我要像湘江一样充满澎湃的革命力量，锐不可当，滚滚向前，冲出湖南、长沙，奔向浩瀚的大海；我要像漫山遍野的红叶，如同烈焰，照亮湘江、长沙，驱走阴冷，烧掉笼罩在中国大地上的黑暗；我要做橘子洲头一样的利剑，开创一个崭新的世界，创造一个全新的中国。

在湘江边上，他走了又走，最后，毅然离去，就像当时离开韶山、东山小学堂一样，走向时代呼啸横流的大潮。

后　记

　　下了很大的决心，才写出这本书。

　　去过韶山，也爱阅读涉及毛泽东内容的书。也许是读得多了，了解、想得多了，才更加觉得这本书不好写。毛泽东是一代伟人，高山仰止，我感觉自己是写不出这位世纪巨人的。伟人的高蹈宏阔、雄才大略岂是我辈能度量出来的？写毛泽东的书太多，有关他的各类素材也是丰富多彩。素材多也有劣势，不好写，不是重复，就是缺少新意。

　　我原计划写"领袖与少年四部曲"之三后，把最难写的少年毛泽东留到最后"细嚼慢咽"、发起"总攻"。计划不如变化，出版社汪修荣总编辑说："还是先写毛泽东。"知我者汪总也，当然了，我也知汪总的用心，可谓"一片冰心在玉壶"。四本书中，少年毛泽东的题材会起着四两拨千斤的作用，举足轻重。

　　用了几个月时间，我读了大量有关少年毛泽东的书籍和文章，尽可能地搜集一些鲜为人知的素材，随后，便是梳理素材，反复酝酿，思考怎样写，尽可能写得与众不同，能有点新意、好读。

我等待创作激情的浪潮扑面涌来，可它迟迟没有来临。在忐忑不安、犹疑、苦闷中，思想感情的闸门忽然就被一下打开，我迫不及待地打开电脑，写了起来。开头难，写了又删，删了又写，一团乱麻般的素材缠绕着我，弄晕了我。我想走出来，可怎么也走不出来，心里焦急，可没用处。我索性不写了，这样的状态，不写也好，正好春天来到，就去田野间走一下子，接个地气。

床头柜上，一批闲书接纳了我。偶尔得到的一本一九四九年出版的《毛泽东同志的青少年时代》，成了我的挚友，书的作者是毛泽东的同学、好友萧三。书的字数并不多，很单薄，可我读第一遍时，用了好长时间，做了不少笔记，及时补充、弥补了构思中的大纲。

创作激情再来舔食，就没有退却过。我还做了一件从来没有做过的事情，一改过去晚上睡觉前沐浴的习惯，每天早上起床冲澡，用最清新、最旺盛的活力投入上午的写作。

书稿写出后，我心里有一种强烈的愿望，想重走一趟韶山，看看书中所写的韶山，毛泽东的故居，毛泽东所熟悉的池塘、晒谷场、南岸、歇虎坪等等，写得是不是准确，有没有丢下什么生动的细节。我赶到了湖南，在宁乡花明楼镇参加"追寻刘少奇足迹"文丛编纂会议期间，冒着霏霏小雨，打的走了一趟韶山。在雨中，我绕着毛泽东的故居，毛泽东所熟悉的池塘、晒谷场、南岸等地方，慢慢地走，慢慢地想，慢慢地体味。走了一遍又一遍，雨水淋湿了头发，淋湿了衣服，我还是看不够，想不够，体味不够……

回来后，我对文稿进行了一次重大修改。

我是用心写这本书的。

作　者
二〇一六年十二月　连云港水木华园家中

参考书目

《毛泽东与国学》

李京波　编著

出版社：人民出版社

出版时间：2011年8月

《萧三传》

王政明　著

四川文艺出版社

1992年8月

《毛泽东同志的青少年时代》

萧三　编述

人民出版社

1951年

《毛泽东和他的二十四位老师》

尹高朝　著

中央文献出版社

2001 年

《毛泽东和他的老师》

尹高朝　著

中央文献出版社

2011 年 11 月

《乡关》

蒋昌起　著

湖南文艺出版社

2009 年 4 月

《青年毛泽东之路纪行：毛泽东初进大长沙》

湖南日报

2013 年 7 月 15 日

《毛泽东的读书生活》

孙宝义等　著

中央文献出版社

2006 年